HELDER CAMARA —
STIMME DER STUMMEN WELT

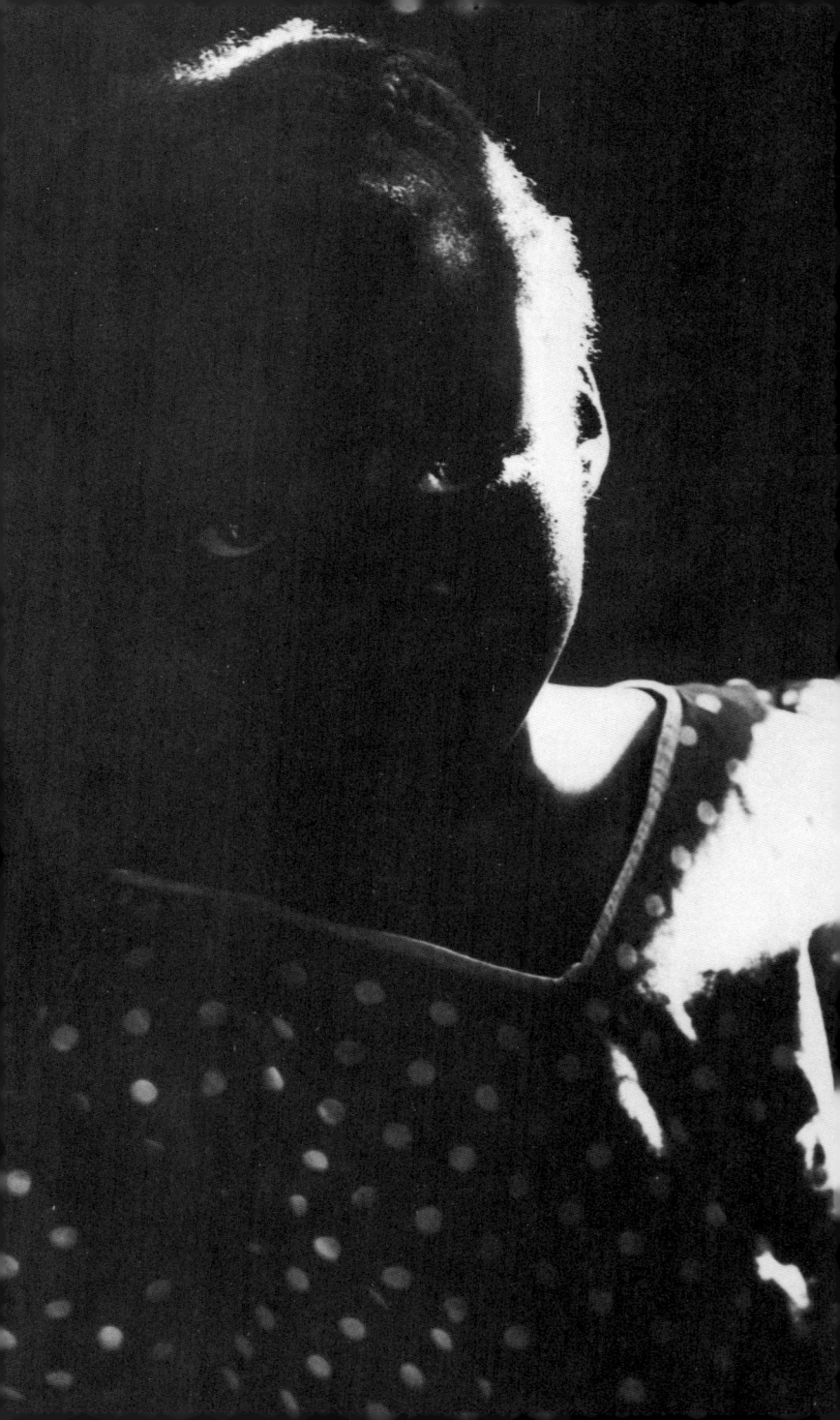

HELDER CAMARA

STIMME DER STUMMEN WELT

pendo

STIMME DER STUMMEN WELT: DOM HELDER CAMARA, so hiess der Titel des ersten im pendo-verlag veröffentlichten Buches im Januar 1971. Es erreichte eine Auflage von über 130 000 und war nach wenigen Jahren vergriffen. Seither sind sechs weitere Titel von Helder Câmara erschienen. Er gehört zur «Basis» des pendo-verlags, zu den Mitgründern — zum engsten Freundeskreis. Zu seinem 80. Geburtstag nimmt der Verlag den *alten* Titel für ein *neues* Buch wieder auf: ein Dokument seiner wichtigen und eindrücklichen Gebete und Meditationen. Ein besonderer Dank gilt Pierre Kaelin, dem musikalischen Schöpfer von «Die Sinfonie der zwei Welten», der Helder Câmaras Text zu diesem Werk zur erstmaligen Buchveröffentlichung freigegeben hat.

Aufnahmen und Typografie: Bernhard Moosbrugger
Satz und Lithos: Fosaco AG, CH-8363 Bichelsee
Druck und Einband: Kösel, Kempten
© copyright by pendo-verlag, Zürich 1989
ISBN 3 85842 160 X

INHALT

7 I HÖRET, IHR REICHEN!...
10 Eingangsverse
13 Begegnung mit Helder Câmara,
   Rio de Janeiro 1956
21 Mitmenschen, die mich beeinflussten
22 Mein Volk; die Welt ohne Stimme
26 Hoffen und Vertrauen

29 II GEBET FÜR DIESE WELT
31 Gebet für mein Volk: die Welt ohne Stimme
45 Die Sinfonie der zwei Welten:
47 — Das Wagnis des Schöpfers
50 — Der Mensch, mein Bruder
55 — Wer wird gewinnen?
60 — Der Geist weht
65 — Die Spirale der Gewalt
70 — Inmitten der Nacht
77 Besinnung nach Mitternacht
90 Gebete der Hoffnung
103 Gebet für die Reichen

117 III REDEN IN DIESER WELT
119 Drei Predigten für mein Volk:
119 — Sonja und Claudia
122 — Die grossen Leute verstehen überhaupt nichts
125 — Der Simpel Gottes
129 Drei Reden: Oslo, Frankfurt, Davos
129 — Oslo: Ökumene in göttlicher Weite
135 — Frankfurt: Den Menschen vermenschlichen
142 — Davos: Die transnationalen Gesellschaften und
     die heutige Umwertung aller Werte

156 Biografisches

I

HÖRET, IHR REICHEN! WEINT UND KLAGET ÜBER DAS ELEND, DAS EUCH ERWARTET! EUER REICHTUM IST VERFAULT! EURE KLEIDER SIND VON MOTTEN ZERFRESSEN. EUER GOLD UND SILBER IST VERROSTET, UND DER ROST WIRD BEWEISEN, WIE IHR AN EUREM REICHTUM GE-HANGEN HABT: ER WIRD EUCH WIE FEUER VERZEHREN! SCHÄTZE HABT IHR AUFGEHÄUFT KURZ VOR DEM ENDE ALLER DINGE. IHR HABT DEN ARBEITERN, DIE EURE FELDER MÄH-TEN, DEN LOHN VORENTHALTEN. DAS SCHREIT ZUM HIMMEL. UND DIE KLAGERUFE DER ARBEITER SIND DEM HERRN DER WELT ZU OHREN GEKOMMEN. IHR HABT AUF ERDEN GESCHWELGT UND GEPRASST UND EUCH AN DEN SCHLACHTTAGEN GE-MÄSTET. IHR HABT DEM GERECH-TEN SEIN RECHT UND SEIN LEBEN GENOMMEN, UND ER KONNTE SICH NICHT WEHREN GEGEN EUCH!
(JAK. 5, 1—6)

EINGANGSVERSE

Immer macht Jesus die Armen gerecht, verurteilt im voraus die Reichen. Alles gehört Gott. Was unser zu sein scheint, gehört nicht uns, und wenn wir Eigentum verlieren, verlieren wir im Grunde fremdes Gut.
    Tertullian von Karthago (gest. um 220)

Wer den Nächsten liebt wie sich selbst, besitzt nicht mehr als der Nächste. — Je mehr du dich bereicherst mit Reichtum, desto mehr gebricht es dir an Liebe.
    Basilius der Grosse (330—379)

Seit die Habsucht den Adel der Natur zerstört hat und sich sogar des Gesetzes zur Förderung der Herrschaft des Stärkeren über die Schwachen bedienen kann, ist die Gleichheit des Menschengeschlechts zerstört. Du aber blicke auf die ursprüngliche Gleichheit, nicht auf die schliessliche Zerreissung.
    Gregor von Nazianz (329—390)

Gott hat gewisse Dinge zu einem Gemeingut gemacht: z. B. Luft, Sonne, Wasser, Erde... Man beachte, wie es bei solchem Gemeingut keinen Hader gibt, sondern alles friedlich hergeht. Sowie aber einer etwas an sich zu ziehen sucht und es zu seinem Privateigentum macht, dann hebt der Streit an, gleich als wäre die Natur

selbst darüber empört, dass, während Gott uns durch alle Mittel friedlich beisammenhalten will, wir es auf eine Trennung voneinander absehen, auf Aneignung von Sondergut, dass wir das «Mein und Dein» aussprechen, dieses frostige Wort. Von da an beginnt der Kampf, von da an die Niedertracht. Wo aber dieses Wort nicht ist, da entsteht kein Kampf und Streit. Also ist die Gütergemeinschaft in höherem Masse die angemessene Form unseres Lebens als der Privatbesitz, und sie ist uns naturgemäss.
   Johann Chrysostomus (gest. 407)

Es ist nicht dein Gut, mit dem du dich dem Armen gegenüber grosszügig erweist. Du gibst ihm nur zurück, was eigentlich ihm gehört. Denn du hast dir angeeignet, was zu gemeinsamer Nutzung gegeben ist. Die Erde ist für alle da, nicht nur für die Reichen.
   Ambrosius von Mailand (340−397)

Die Habgier ist die Mutter der Ungleichheit, erbarmungslos, menschenfeindlich. Ihretwegen gerät das Leben der Menschen aus der geordneten Bahn. Die einen müssen sich vor Übersättigung erbrechen (...), die andern sind, von Hunger und Mangel bedrängt, am Rande des Abgrunds.
   Asterios von Amaseia (gest. um 410)

BEGEGNUNG
MIT HELDER CAMARA
RIO DE JANEIRO 1956

Vom Flugzeug aus erblicken wir Rio de Janeiro zum erstenmal. Die Stadt liegt eingebettet zwischen einer Meeresbucht und einer hügeligen Landschaft, aus der der «Zuckerhut», das Wahrzeichen der damaligen Hauptstadt Brasiliens, dreieckig, steil emporragt. In sanftem Bogen schwingt sich die berühmte «Copacabana», der breite goldgelbe Sandstrand, der Meeresküste entlang, gesäumt von eleganten Hochhäusern und Luxushotels. Auch im Innern der Stadt türmen sich die Wolkenkratzer, und aus der Ferne fügen sich die unzähligen kleinen Häuschen, die an den Abhängen der Hügel zu kleben scheinen, malerisch in das ganze Bild ein.
«Die Fassaden täuschen», meint unser Freund, Piero Saporiti, damals «Time»- und «Life»-Korrespondent in Brasilien, «wenn Ihr das wahre Gesicht Brasiliens kennenlernen möchtet, dann besucht einen Mann, den Weihbischof von Rio de Janeiro. Heute kennt man ihn nur in Brasilien, doch in einigen Jahren spricht die Welt von ihm. Er ist sehr sanft, aber in seinen Worten liegt Dynamit.»
Noch am gleichen Tage begegnen wir Weihbischof Helder Pessôa Câmara im erzbischöflichen Palast des Kardinals von Rio, umgeben von Freunden. In der soeben beendeten Sitzung

hat er zusammen mit seinen Freunden zehn Gebote für alle männlichen Bewohner der Elendsquartiere, der Favelas, erarbeitet: 1. Der Mann hat nur ein Wort. 2. Hilf deinem Nachbarn. 3. Es ist feige, seine Frau zu schlagen. 4. Ohne Beispiel keine Erziehung. 5. Ein Mann trinkt nicht bis zur Besinnungslosigkeit. 6. Geldspiele werden verbannt — nur Fussballspielen ist gestattet. 7. Es ist nicht schwierig, andern Befehle zu erteilen; schwierig ist es, sich selber zu gehorchen. 8. Der Kommunismus löst nichts. 9. Ich will mein Recht, aber tue meine Pflicht. 10. Wir sind nichts ohne Gott. Ähnliche Gebote erliess er auch für die Frauen, etwa: Verliere deinen Kopf nicht, auch wenn dein Mann den seinigen verloren hat — oder: Um zu streiten, braucht es zwei.

Dom Helder, so nennen ihn alle, auch seine Freunde (und Feinde hatte er damals noch kaum), bittet uns, ihn beim Besuch einer Favela zu begleiten. In den Favelas von Rio lebten damals mehr als 450 000 Menschen im Elend, und täglich strömten aus dem Innern des Landes, wo, als Folge der Dürre, Hunger und Arbeitslosigkeit herrschten, noch mehr Menschen in die Stadt, getrieben von der winzigen Hoffnung auf Arbeit. Diese Hoffnung blieb unerfüllt.

Alle Favelas glichen sich: kein Wasser, keine sanitären Anlagen, keine Wege. Während wir mit Dom Helder über Gräben und Sümpfe springen, über umherliegende Steine und Höl-

zer klettern, erklärt er uns seine Ideen und sein Ziel: die Eingliederung der Favelas in das Gesellschafts- und Wirtschaftsleben der Stadt. Seine Arbeit hatte er von einem Jahr in der ältesten Favela begonnen, und bereits standen zehn grosse Wohnblöcke vor ihrer Beendigung, und weitere, mit Schulen und Kindergärten, befanden sich im Bau.
Auf unserem Weg durch die Favelas hingen Frauen und Kinder, aber auch Männer wie Trauben an seiner etwas abgeschabten Soutane. Sie bestürmten ihn mit Fragen und Bitten, doch ihre Augen strahlten. Er war ihr Freund, ihr Helfer, ihre Hoffnung. Noch wusste der kleine, bescheidene Dom Helder, der kein Auto besass und nur selten seinen Bischofsring und sein Kreuz trug, nicht, dass er sein Ziel nicht erreichen würde, — die fatalistische, passive Lebensauffassung dieser Menschen verhinderte deren Eingliederung in ein «normales, zivilisiertes» Leben. Die damalige Arbeit in den Favelas aber führte Dom Helder auf jenen Weg, den er nie mehr verliess: Unermüdlich kämpft er für die soziale Gerechtigkeit in seinem eigenen Land, in Südamerika, in der ganzen Welt.

Gladys Weigner
Bernhard Moosbrugger

Mit Helder Câmara in den Favelas von Rio de Janeiro, 1956

Père Lebret

MITMENSCHEN, DIE MICH BEEINFLUSSTEN

Alceu Amoroso Lima, Rio de Janeiro (1895): Mein Meister und mein Vorbild für stillen Mut und bleibende Jugend.

Père Lebret, 1897—1966, Mitglied des Dominikanerordens, geistiger Vater der Enzyklika «Populorum Progressio»: Er nährt in mir den Traum, auf weltweiter Ebene eine Bewegung der öffentlichen Meinung zu mobilisieren, um den immer tragischer werdenden Abgrund zwischen den Ländern des Überflusses und den armen Ländern zu beseitigen.

Teilhard de Chardin, 1881—1955, Philosoph, Theologe, Wissenschaftler und Mitglied des Jesuitenordens: Anstelle einer Schöpfungsvision, die einen eifersüchtigen, in jedem Augenblick, in jedes Detail fordernd eingreifenden Gott vorstellt, eine kühne und grosszügige Vision einer schöpferischen Entwicklung. Als der Mensch erscheint, muss er seine Rolle als Mit-Schöpfer erfüllen; es liegt an ihm, die Natur zu beherrschen und die Schöpfung zu vollenden. Teilhards Optimismus — er schliesst den Realismus nicht aus und vergisst keinesfalls die Sünde, das Kreuz und die Sühne — hilft mir, stets der Hoffnung das letzte Wort zu reden.

MEIN VOLK:
DIE WELT OHNE STIMME

Die Mocambos:

In den verschiedenen armen Ländern und in den armen Bezirken der reichen Länder: mehr oder weniger überall die gleichen «untermenschlichen» Behausungen — unter verschiedenen Namen. Aber überall bleibt eine Konstante: Wer keine rechte Wohnung hat, wer untermenschlich wohnt, der hat keine Stimme, das heisst: er redet, aber er wird nicht gehört.

Wann wird man begreifen, dass eine menschenwürdige Wohnung ein Menschenrecht ist? Wann wird die Einsicht dämmern, dass eine Stadt in erster Linie durch den Mangel an Menschlichkeit zu einer hässlichen Stadt wird? Wann werden die Mocambos eine Stimme erhalten? . . .

Die Hungernden:

Auch hier nenne ich jene Menschen stumm, die nicht das Recht oder den Mut haben, zu reden, um unbestreitbare Rechte, Menschenrechte zu verteidigen.
Menschen, die für ihren Haushalt kein Brot haben, die sich abends mit leeren Magen nieder-

legen; die ihre Kinder vor Hunger weinen hören; sie werden entweder rücksichtslos und gewalttätig, oder sie verfallen der Angst, lassen sich gehen, sie werden stumm.

Wann wird man den Mut haben, die Hilfs- und Fürsorgementalität zu überwinden, weil man begreift, dass den Beziehungen zwischen Armen und Reichen ein Gerechtigkeitsproblem zugrunde liegt! Wann wird man die Dringlichkeit der Forderung anerkennen, jedem Familienvater eine Beschäftigung (und nicht nur eine Teilbeschäftigung) zu geben, die ihm ein menschliches — nicht ein untermenschliches — Lebensniveau sichert?

Die Analphabeten:

Während die Technologie mit der Geschwindigkeit von Raumraketen vorangeht, während die Computer sich anschicken, Wunderwerke zu schaffen, können — schon fast an der Wende zum 21. Jahrhundert — zwei Drittel der Menschen immer noch nicht lesen und schreiben.

Wenn ein Mensch mit seinem Fingerabdruck ein Dokument zeichnen muss, weil er eben nicht schreiben kann — vielleicht ein für ihn entscheidendes Dokument, das er anstarrt, ohne irgend etwas zu verstehen; wenn er seine intimsten Gefühle für die ihm teuersten Menschen nicht in einem Brief ausdrücken kann und unfähig ist, die lieben Briefe zu lesen, die er erhält, dann versinkt er im Schweigen; das heisst: er ist einem Gefühl der Minderwertigkeit ausgeliefert, er hat keine Möglichkeit, zu reden.

Der Fatalismus:

Ohne Haus, ohne Nahrung, ohne Kleidung, ohne Gesundheit, ohne Arbeit, ohne Schule, ohne Zukunft, ohne Hoffnung: ist es erstaunlich, dass man dem Fatalismus verfällt?

Der Mensch hat vom Herrn den Auftrag, die Natur zu beherrschen und die Schöpfung zu vollenden. Scheuen wir uns nicht, zu sagen: Gott hat den Menschen als Mitschöpfer gewollt.

Wir müssen dem Menschen Mut machen, sich vom Fatalismus zu befreien. Das setzt voraus, dass man ihm hilft, sich von ungerechten, unmenschlichen, Sklaverei erzeugenden Strukturen zu befreien.

HOFFEN UND VERTRAUEN

Internationale Unternehmen!

Wer seid Ihr? Habt Ihr eine menschliche Gestalt, Ohren, einen Blick? Habt Ihr menschliche Gefühle, ein Herz? Oder seid Ihr nur ein Zeichen — anonym —, und gibt es keine Möglichkeit, einen wahren Dialog mit Euch zu führen?
Wer immer Ihr auch sein möget, ich bitte um Eure Aufmerksamkeit: Ihr scheint unantastbar, und doch steht Ihr — auch Ihr — auf tönernen Füssen. Eine gewaltige Kraft kann — morgen schon — zur Schwäche werden.
Warum weigert Ihr Euch, Euren Schematismus, Eure Maschinen, Eure politische Philosophie, Eure Strategie einer Revision zu unterwerfen? Helft uns doch, die unvorstellbaren Hilfsmittel moderner Technologie nicht bloss in den Dienst einer stets schrumpfenden Zahl von Menschen zu stellen (die den angehäuften Superreichtum nicht einmal für sich passend verwerten kann), sondern in den Dienst der ganzen Menschheit!

Wissenschaftler!

Könntet Ihr doch Euer Wissen — selbst unter Risiken und Opfern, sehr grossen Opfern sogar — in den Dienst des Menschen, des ganzen Menschen und aller Menschen stellen! ...

Die Jugend

Überall begegne ich Euch, Ihr Jungen, meine Brüder. Ihr verlangt von Euren Eltern, Lehrern, Seelsorgern, von Euren Freunden und von Euch selbst in erster Linie Glaubwürdigkeit. Ich sehe Euch Gerechtigkeit fordern, nicht nur für Euch und Euer Land — Gerechtigkeit für den Menschen und für die Menschheit.

Die Menschen guten Willens

Ich übersetze sie mit: «Menschen, die hungern und dürsten nach der Gerechtigkeit.» Menschen, die in den armen Ländern sich anschikken, auf friedliche, aber mutige und entscheidende Weise, um jeden beliebigen Preis, den internen Kolonialismus zu bekämpfen; Menschen, die in den reichen Ländern sich anschikken, den Lebensbedingungen der Armen nachzugehen und sie anzuprangern als flagranten Egoismus und als Schande; Menschen, die in den Beziehungen zwischen reichen und armen Ländern sich anschicken, die Ungerechtigkeiten der internationalen Handelspolitik aufzudecken und zu bekämpfen.
Überall — in allen Ländern, wo immer es Menschenansammlungen gibt, in allen Winkeln der Welt — gibt es abrahamitische Minderheiten. Wie Abraham hoffen sie gegen jede Hoffnung!

II

GEBET FÜR DIESE WELT

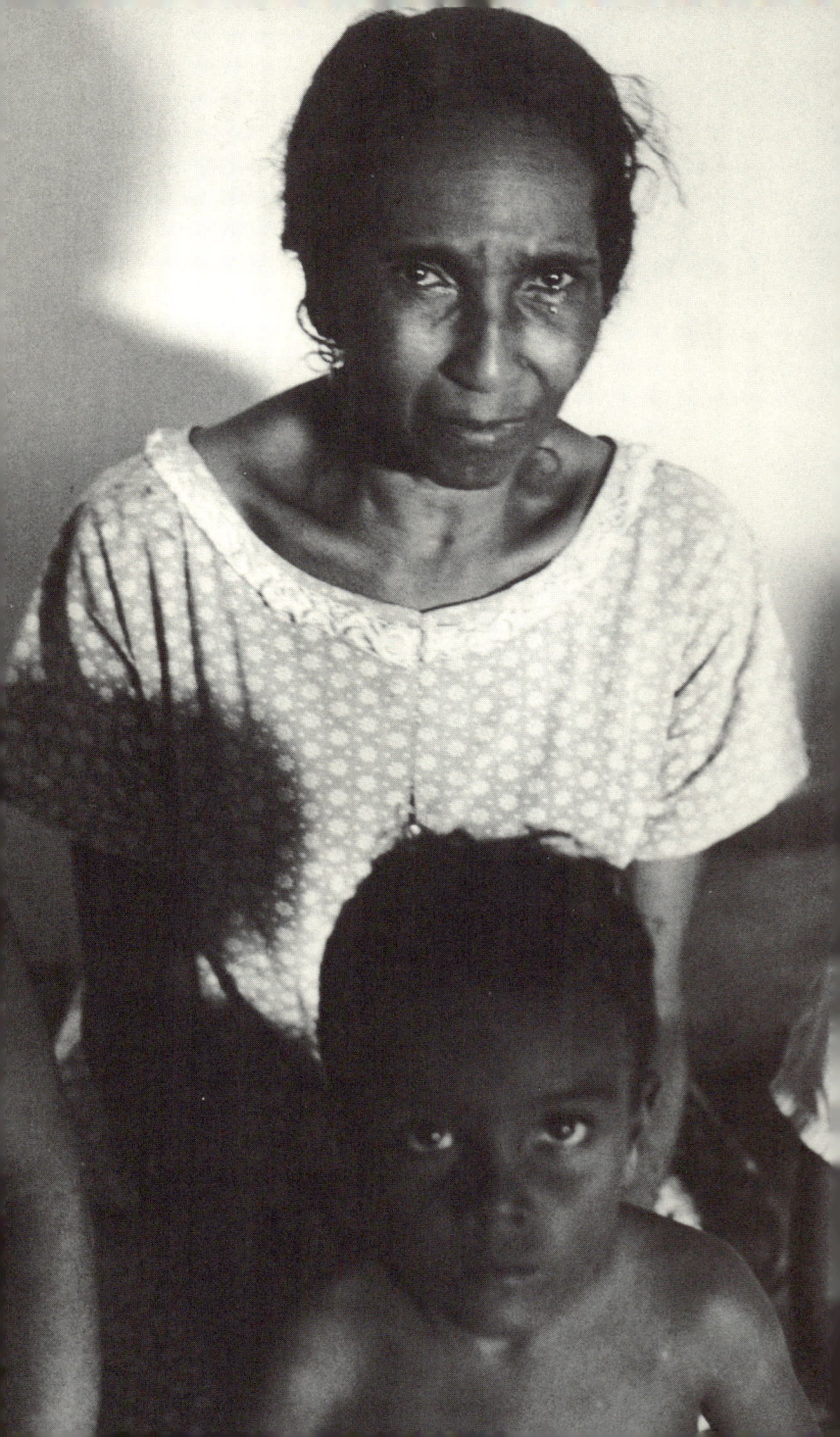

*Gebet
für mein Volk:
die Welt ohne Stimme*

Vater:

*Wir müssen
in unser Gebet
die ganze Menschheit
miteinbeziehen,
denn
Dein göttlicher Sohn,
unser Bruder
Jesus Christus,
hat sein Blut
vergossen
für alle Menschen,
an allen Orten,
zu allen Zeiten.*

*Trotzdem
erlaube mir,
Herr,
ein besonderes Gebet
für mein Volk,
die Welt,
die keine Stimme hat.
Es gibt Tausende
und aber Tausende
menschliche Wesen —*

*in den armen Ländern
und in Armenvierteln
der reichen Länder —,
die kein Recht haben,
ihre Stimme zu erheben,
die keinerlei
Möglichkeit haben,
Einspruch zu erheben
und zu protestieren —
so gerecht
auch die Sache ist,
die sie
verteidigen wollen.*

*Die Menschen
ohne ein Dach,
ohne Nahrung,
ohne Kleider,
ohne Gesundheit,
ohne die geringste
Bildungsmöglichkeit,
ohne Arbeit,
ohne Zukunft,
ohne Hoffnung,
sind in Gefahr,
dem Fatalismus*

*zu verfallen,
ihr Mut entsinkt ihnen,
ihre Stimme versagt,
sie werden
zu Menschen
ohne Stimme.*

*Hätten wir Christen
und alle,
die an Dich glauben
in den verschiedenen
Religionen,
unseren reichen Brüdern
geholfen,
indem wir ihnen
die Augen geöffnet,
ihr Gewissen
geweckt hätten,
die Ungerechtigkeiten
wären nicht
so weit fortgeschritten,
und nicht so schreiend
wäre der Abstand von
reich zu arm,
Mensch zu Mensch,
Gruppe zu Gruppe,*

*Land zu Land,
ja sogar
von Kontinent
zu Kontinent.*

*Vollbringe,
Herr, was wir nicht
vollbracht haben
und nicht
vollbringen können.
Wie schwer ist es doch,
die Schranken
der Hilfsaktionen,
der milden Gaben,
des kleinlichen Helfens
zu überschreiten —
und die Gerechtigkeit
selbst einzuholen. . .!
Die Privilegierten
werden gereizt,
sie fühlen sich
falsch beurteilt,
sie entdecken Umsturz
und Kommunismus
in rein demokratischen,*

*rein menschlichen,
rein christlichen
Handlungen!*

*Der Fehler liegt,
wenigstens zum Teil,
bei uns.
Wenn es den Kirchen
gelingen würde,
ihr Zeugnis
aus den Verstrickungen
des Geldes zu befreien...!
Wenn wir,
die wir die andern
bekehren wollen,
persönlich,
authentisch,
ein Beispiel tiefer
innerer Bekehrung
geben würden...!
Wenn wir
im Reden,
im Kritisieren,
im Protestieren
stets jenes Ideal
erreichen würden:*

*dass wir uns das Recht,
Wahrheiten zu sagen,
durch Freundschaft
und Liebe erwerben!*

*Was wir
fordern wollen,
ist schwierig genug:
Wenn es nicht
offensichtlich wird,
dass wir
niemand verachten,
uns niemand
überlegen fühlen,
keine Aggressivität
abreagieren;*

*wenn es nicht
ganz deutlich wird,
dass uns einzig
die Liebe zum Nächsten
durch die Liebe Gottes
leitet,
dann werden wir
die andern
immer nur reizen!*

Dass wir,
Vater,
jedesmal mehr
eins seien
mit Deinem Sohn!
Dass Christus
sehe durch unsere Augen,
höre durch unsere Ohren,
rede durch unsere Lippen!

Sende, Herr,
Deinen Geist!
er allein kann
das Angesicht der Erde
erneuern!
Er allein wird
die Egoismen zerbrechen,
denn das ist unerlässlich,
wenn die ungerechten Strukturen,
die Millionen
in der Sklaverei halten,
überwunden werden sollen.
Er allein wird uns helfen,
eine Welt zu errichten,
die menschlicher,
die christlicher ist.

Mutter:

*Die Vorsehung
liess mich
einer Statue begegnen.
Du bleibst in ihr
vollkommen und schön,
aber Dein Sohn
ist ohne Kopf.*

*Man hat mir geraten,
sie vor der Öffentlichkeit
zu verbergen.
Man hat mir selbst
die Geschmacklosigkeit
einflüstern wollen,
einen Kopf für das Kind
herstellen zu lassen.*

*Man verstand nicht,
dass ich in dieser Statue
ein vollkommenes Symbol erhielt
von Unserer Frau
der Dritten Welt,
von Unserer Frau
der stummen Welt!*

*Ist es nicht genau so,
dass ich Ihm begegne,
jeden Augenblick:
Deinem Sohn
und userm Bruder,
Christus? ...
Der Hunger verursacht
Missbildungen,
körperliche,
geistige,
moralische.*

*Wenn ich sie sehe,
die Kinder meines Volkes,
die Welt ohne Stimme:
abgezehrt,
den Bauch aufgebläht,
den Kopf übergross
und, sehr oft,
leer,
zurückgeblieben,
als ob er fehlen würde, —
es ist Christus,
dem ich begegne!*

*Mutter,
wir verstehen uns so gut,
ich brauche Dir deshalb
nichts zu erklären,
Dich nichts zu bitten.
Ich werde Deine Statue
mit dem verstümmelten Kind
bewahren,
wie im Leben,
wie in unserer Welt,
wo der Egoismus
Missbildungen erzeugt.*

*Selbst wenn
die Dritte Welt
eines Tages
einen Kopf und
eine Stimme
erhalten wird,
das Kind
wird ohne Kopf bleiben,
als Erinnerung
an traurige Tage,
die für immer
vergangen sind.*

*Die Sinfonie
der zwei Welten*

DAS WAGNIS DES SCHÖPFERS

*Wäre ich vor der Erschaffung der Welt
an Deiner Seite gewesen, Herr,
ich hätte Dir gerne geholfen:
So bescheiden bist Du.
Wenn irgendein Zweifel
Dich nur im geringsten bewogen hätte,
nichts zu erschaffen,
ich hätte gesagt:
Es ist wahr, mein Gott,
die Schöpfung, die von Dir ausgeht,
wird Deine Einheit durchbrechen...
Sie wird notgedrungen vielfältig sein...
mit Grenzen, beschränkt, unvollkommen.
Doch zögere nicht, mein Gott!
Der Mut zur Schöpfung wird aller Zeit
Deine Kühnheit und Demut beweisen.
Ja, Herr, man muss es Dir sagen:
Zögere nicht und mache Dich auf!
Es muss geschaffen, verwirklicht werden.
Du hast es geträumt von Ewigkeit her.*

Mache Dich auf, voran, Herrgott!
Vor allem scheue Dich nicht,
Deine Kühnheit und Demut
voll auszuspielen.

Du allein, o Herr,
Du allein, ja, Du bist imstande,
Du allein, Herrgott.

Entscheide Dich doch,
den Menschen zu schaffen,
den kleinen Wurm dieser Erde —
auch sie natürlich, das Körnchen Staub.
Entscheide Dich doch,
den Menschen zu schaffen,
den Mitgestalter an Deiner Seite.

Du allein, o Herr,
Du allein, ja, Du bist imstande,
Du allein, Herrgott.

Entscheide Dich doch,
den Menschen zu schaffen —
das hilfsbedürftige Wesen:
den Beherrscher der Natur,
Deinen Planer und Erben.

Du allein, o Herr,
Du allein, ja, Du bist imstande.
Mache Dich auf, Herrgott!

Ja, Herr, man muss es Dir sagen:
Zögere nicht und mache Dich auf!
Es muss geschaffen, verwirklicht werden.
Du hast es von jeher vorausgesehen.

Mache Dich auf, voran, Herrgott!
Vor allem scheue Dich nicht,
Deine Kühnheit und Demut
voll auszuspielen.

Nur Du bist imstande, so weit zu gehen,
das Wagnis der Zukunft zu wagen,
die Chance der Ewigkeit auszunützen.
Das Kind, es sagt dies
zum Vater, der abreist:
Mache Dich auf und gehe, o Herr,
mit gutem Mut...

Du allein, o Herr,
Du allein, ja, Du bist imstande.
Mache Dich auf und gehe, o Herr!

DER MENSCH, MEIN BRUDER

Mensch, mein Bruder,
die ganze Schöpfung betrachtet dich.

Die Weite der Wälder
und feurig blühende Blumen,
die Sterne des Himmels,
der Spiegel des Wassers,
die Erde mit all den schreienden Tieren,
sie leben zwischen Vertrauen und Angst.
Das ist die Schöpfung, die dich umgibt.
Ein bisschen Neugier und Eifersucht
führen sie auf die Spur
der Auserwählten Gottes.

Mensch, mein Bruder,
die ganze Schöpfung betrachtet dich.

Ja, weit stösst du vor
mit deinem Verstand.
Ist das dein Glück?
Ja, weit stösst du vor
mit deinem Verstand
im Hirn des Computers,

auf Reisen im Weltall
mit neuen Flugschiffen.

Mensch, mein Bruder,
die ganze Schöpfung
besieht und bewundert dich.

Wie weit kommst du
mit dem Egoismus voran!
So weit, dass du deine Würde verlierst,
die herrliche, fast skandalöse
Bevorzugung durch deinen Gott.
Das Gerücht dieser Fragen
taucht überall auf.

Mensch, mein Bruder,
die ganze Schöpfung
betrachtet dich fragend.

Warum denn hast du das beste Geschenk,
die Intelligenz und die Freiheit verpfuscht,
den Schöpfer beleidigt, den Vater verraten?

*Mensch, mein Bruder,
die ganze Schöpfung
betrachtet und richtet dich.*

*Er, der Herr,
statt dich zu verdammen, dich auszulöschen,
hat seinen einzigen Sohn
auf dieses Staubkorn
Erde gesandt.
Und Gottes Sohn, ohne sich zu verleugnen,
macht sich zum Menschen.
Gott bleibt er und macht sich Mensch.
Auf ewig bleibt er Mensch und Gott.
Du Mensch, mein Bruder,
was hast du gemacht aus dem Leben,
was aus der Botschaft von Christus?*

*Mensch, mein Bruder,
2000 Jahre nach Christus
ist die Bilanz erschreckend.*

*Was hast du mit Afrika,
was mit Asien angerichtet,
Felder von Feuer und Tränen?
Was tust du mit jenen Zweidritteln
Lateinamerikas,*

*die unterjocht und verfolgt sind?
Und die Musik, die Musik!
Erstickt im Chaos der Waffen!
Lateinamerika:
der christliche Stadtrand der armen Welt,
gestampfte Erde
für Kinder im Sonnenlicht,
das bald vergeht,
um nie mehr zu scheinen.
Was hast du getan?*

*Mensch, mein Bruder,
2000 Jahre nach Christus
ist die Bilanz erschreckend.*

*Was hast du getan mit den Armen,
die da sind, mitten in reichen Ländern,
was mit den letzten Verachteten,
Allerärmsten in armen Ländern?
Sie schreien zu dir und verstehen nicht.
Kehr dich nicht ab — oder hast du Angst,
ihre Stimme zu hören?*

*Mensch, mein Bruder,
2000 Jahre nach Christus
ist die Bilanz erschreckend.*

WER WIRD GEWINNEN?

*Wer wird gewinnen?
Du weisst es sehr wohl,
mein Bruder Mensch:
Du bist schwach genug,
um den dritten und letzten
Weltkrieg zu führen,
der alles Leben auf Erden zerstört.
Doch du bist auch stark genug,
um diese Erde von Elend
und Herrschsucht zu säubern.

Auf den ersten Blick scheint es,
der Hass gewänne auf Erden
die Oberhand...
Wieviele Kleinkriege
sind seit dem zweiten Weltkrieg
schon wieder ausgebrochen!
Und wie sich die Länder vermehren,
die Waffen herstellen!
Wie werden im Rüstungswettlauf
diese Waffen ständig spitzfindiger,
teurer, gefährlicher!
Länder, die für ihre Bürger*

nichteinmal Nötigstes haben,
verschulden sich hoffnungslos,
machen sich «Nationale Sicherheit»
zu ihrer Göttin.
Fast überall, bei «Rechten» und «Linken»,
gibt es Entführungen, Foltern und Mord,
Menschen, die gänzlich verschwinden,
Verbannte und Flüchtlinge.
Ursache dieses Terrors,
dieser Unsicherheit ist im Grunde
die Wegwerfgesellschaft.

Wer kann diese Last
der Strukturen aufheben,
die Gottes Söhne millionenfach töten?

Die mehr Menschen töten
als die blutigsten Kriege!

Wer kann diese Last
der Strukturen aufheben,
die Gottes Söhne millionenfach töten?

Wer wird gewinnen,
der Starke, der Schwache?
Wer wird gewinnen?

Wer wird gewinnen?

*Ich kenne sie beide.
Der Schwache bin ich
mit der trostlosen Macht,
die Erde ganz zu vernichten
mit einem Krieg, dem letzten,
in dem ich das Leben verliere,
das mir gegeben war.
Wer wird gewinnen?*

*der Starke, der Schwache?
Wer wird gewinnen?*

*Ich kenne sie beide.
Ich bin auch der Starke.
Ich könnte weltweit Unterdrückung,
Hunger und grollenden Zorn überwinden.
Ich könnte Gerechtigkeit schaffen,
von der mir gegeben war.
Wer wird gewinnen?*

*der Starke, der Schwache?
Wer wird gewinnen?*

Schaue voraus!
Dieser grosse Strom von Hass
steigt über die Ufer.
Er wird dich vernichten.
Schau um dich her!
Man greift auf der Welt
zu den Waffen.
Der letzte Alarm –
hörst du ihn nicht?

der Starke, der Schwache?
Wer wird gewinnen?

Für die sogenannte
«Nationale Sicherheit»
stürzen sich Völker
auf rostige Schwerter.
Im Namen der Humanität
wird verbannt und gefoltert.
Unter dem Druck der Strukturen
fällst du, Freiheit, dahin.

der Starke, der Schwache?
Wer wird gewinnen?

Schau um dich her!
Tyrannei und Vergeudung,
ist dies das Erbe,
das du hinterlässt?
Schaue in dich hinein!
Wer soll von Elend und Hass,
dem menschenunwürdigen Leben
dich endlich befreien?

Wer wird gewinnen?
der Starke, der Schwache?
Wer wird gewinnen?

DER GEIST WEHT!

Wer Augen zum Sehen hat,
Ohren zum Hören,
erkennt doch von selbst
die Zeichen der Hoffnung.

Sie scheinen gering.
vielleicht sogar lächerlich.

Wer Augen zum Sehen hat,
Ohren zum Hören,
erkennt mit Gewissheit
die Zeichen der Hoffnung.

Wenn aber Gott Daviden hilft,
macht er Goliath zittern.
Wenn nun Gott den Kindern hilft,
bringen sie Riesen zu Fall.

Wer Augen zum Sehen hat,
Ohren zum Hören,
erkennt mit Gewissheit
die Zeichen der Hoffnung.

*Wie soll ich
die grosse Neuigkeit deuten:
Die Schwachen entdecken sich,
werden auf einmal
stark und unbesiegbar
ohne jeden Wahnsinn von Waffengewalt.
Sie werden die Waffen nie brauchen.
Denn diese Waffen, wer hat sie gemacht?
Es waren die Riesen, die Unterdrücker,
vor denen sie keine Angst mehr haben.*

*Wer Augen zum Sehen hat,
Ohren zum Hören,
erkennt doch von selbst
die Zeichen der Hoffnung.*

*Wer Augen zum Sehen hat,
Ohren zum Hören,
erkennt mir Gewissheit
eindeutige Zeichen der Hoffnung.*

*Die Schwachen erkennen ihre Stärke
und Unbesiegbarkeit in dem Mass,
als sie zusammenhalten und sich vereinen,
nicht um die Rechte der andern zu treten,
sondern nur, um zu verhindern, dass man*

*ihre grundlegenden Rechte mit Füssen tritt,
Rechte, die kein Geschenk der Regierungen
oder der Mächtigen sind.
Sie sind Geschenk des Schöpfers und Vaters!*

*Die Grundrechte der Völker dieser Erde
sind kein Geschenk der Regierungen,
noch der Mächtigen.
Die Grundrechte der Völker dieser Erde
sind ein Geschenk des Vaters,
die Gabe des Schöpfers und Vaters,
die Gabe des Vaters.*

*Wie ist es zu erklären, dass in den
industrialisierten, reichen Ländern
Gruppen mit verschiedenen Namen,
mit verschiedener Führung und Zielsetzung,
jedoch mit klaren gemeinsamen Anliegen
ständig zunehmen:
damit die Entschlossenheit,
einen Beitrag zu leisten für eine
freiere, gerechtere, menschlichere Welt!?*

*Es ist der Geist des Herrn,
der weht.*

*Da wo er weht,
bewegt er die Menschen guten Willens
in industrialisierten Ländern.
Jeder versucht es an seinem Ort
und auf seine Weise,
um seinen Beitrag zu leisten für eine
freiere, gerechtere, menschlichere Welt.*

*Es ist der Geist des Herrn,
der weht.*

*Er zeigt den Weg auf
zur Einheit der Basisgemeinschaften,
den ersten Legionen der armen Welt.
Er zeigt den Weg auf,
um jene neuen Menschen
der reichen Länder zu einen,
damit sie für morgen eine freiere,
gerechtere, menschlichere Welt bereiten.*

*Es ist der Geist des Herrn,
der weht.*

*Er sagt: Die Liebe,
die Liebe ist stärker als Hass.
Die Liebe wird einmal den Hass besiegen.*

DIE SPIRALE DER GEWALT

*Es war einmal,
da diskutierten Kinder
mit schöpferischer Phantasie.*

*Mein Vater hat ein Fahrrad,
meiner ein Motorrad;
bei uns ist es viel besser,
denn wir, wir haben zwei.
Tra — la — la...*

*Mein Vater hat ein Auto,
das läuft mit Turbo-Antrieb;
bei uns ist es viel besser,
denn wir, wir haben zwei.
Tra — la — la...*

*Mein Vater hat ein grosses Flugzeug,
schneller fliegt es als der Schall;
glaube oder glaub' es nicht,
wir haben davon drei.*

*Ich habe nichts von alledem,
doch geht mein Vater mit mir fort...*

Wohin denn?

Auf der Titelseite könnt ihrs lesen:
Mein Vater und ich,
wir gehn auf den Mond.

Zu dieser Zeit,

da diskutierten Kindervölker
in zerstörerischem Wahnsinn.

Ich habe den ersten
Weltkrieg ausgelöst,
Verdun, den Weg des Todes,
«Chemin des Dames».
Der erste Krieg
war ungewohnt,
ein grosser Karneval.

Euer kleiner Grosskrieg!
Kinderspiel,
mit meinem verglichen!

Ich habe den zweiten Weltkrieg
ausgelöst,
Berlin, Warschau

und Buchenwald,
die ganze Welt zusammengeschlagen,
Hiroshima!

Fabelhaftes Opfer
von Feuerwerk,
Hiroshima!

Und wenn ich den dritten Krieg
auslöste,
wäre das sicher
der letzte.
Zehnmal können
wir mithin
das Leben der Erde
vernichten, ade meine Erde!

Zu dieser Zeit,
da stellte sich die Dritte Welt
im stillen eine Frage:

Und wir? Und wir?

Mit dem Elend,
haben wir da nicht
den schlimmsten der Kriege?

*Heute füllt uns das Elend
die Friedhöfe mehr
als eure zwei letzten Kriege.*

*Achtung,
Menschen, meine Brüder:
Gewalt Nummer eins ist das Elend,
ein Elend von Wohnungsnot,
Unterbeschäftigung,
Elend von Monotonie,
von Krankheit und mangelnder Würde,
von Unterdrückung und Beherrschung.*

*Gewalt heisst der Krieg,
Gewalt ist das Elend.
Der wahre Krieg ist das Elend.*

*Wenn das Elend ausbricht,
das zu Überfällen
und Diebstählen führt,
zu Mord und Hass,
wenn das Elend ausbricht,
das den Mangel
an Sicherheit zeigt,
den Wunsch nach Rache, die Panik,
dann ist das schon Gewalt Nummer zwei.*

*Das Elend ist die Rache,
das Elend ist Gewalt,
das Elend ist der Hass.*

*Dann kommt es zur Repression,
der Gewalt Nummer drei.
Sehr oft ist die Repression
barbarisch, brutal.
Wir sind schon mitten
in der Spirale der Gewalt.*

*Um die Spirale der Gewalt,
die Gewalt zu bekämpfen,
muss man das Elend bekämpfen.
Der wirkliche Krieg ist das Elend.*

*Und wir, die Kinder?
Denkt ihr an eure Kinder?
Für uns kommt die Zeit
zwar erst morgen,
morgen: im Jahr 2000.
Denkt ihr schon
heute daran?*

INMITTEN DER NACHT

Aber heute,

inmitten der Nacht:

Da schreit der Chor der Pessimisten:
«Alle Worte der Gerechtigkeit,
die Worte von Liebe und Frieden,
all diese Naivitäten,
sie werden zerfallen unter dem Druck
der brutalen, düsteren Wirklichkeit,
die sich ständig verdüstert.»
Es stimmt, Herrgott,
wir haben Mitternacht auf der Welt —
dunkle Nacht.
Wie könnten wir aber vergessen,
dass Du, der Gottessohn,
bei der Menschwerdung eben
um Mitternacht geboren sein wolltest!

Du wolltest im Dunkeln geboren werden,

einziggeborener Sohn des Vaters,
um uns zu versammeln.

*Hättest Du die Dunkelheit gescheut,
wärest Du mittags geboren worden.
Du hast die Mitternacht vorgezogen.*

*Deinen Brüdern im Dunkeln
sagst Du es heute:
Wir wollen die Welt neu gestalten,
ausziehen aus der Nacht.*

*Herr, du wurdest geboren
inmitten der Nacht,
weil die Nacht das Morgenrot bringt.*

*Inmitten der Nacht
ist die Hoffnung zu finden,
die trockene Tinte im alten Gefäss.*

*Inmitten der Nacht
bin ich nackt vor den Türen,
und die sind verschlossen.*

*Je dunkler die Nacht,
desto ferner der Morgen.
Das Gestern,
es ist schon vergessen,
das Heute, es ist noch nicht da.*

Inmitten der Nacht,
wenn die irrende Herde
der Schattenfiguren
vergeblich um Freiheit nachsucht,
inmitten der Nacht zieh ich aus.
Ich bin ein Kind
der Enterbten.

Je dunkler die Nacht,
desto ferner der Morgen.
Das Gestern, es ist schon vergessen,
das Heute,
es ist noch nicht da.

Inmitten der Nacht,
da hab ich gesehn, wie der Schatten
vom dunkelsten Grunde sich abhob.
Inmitten der Nacht
lässt der Schrei eines Neugebornen
die Trauergesänge versiegen.

Je dunkler die Nacht,
umso heller der Morgen.
Das Gestern,
es ist schon vergessen,
wenn das Heute vom Tode ersteht.

*Du, Frau, du hast ihn gehört,
den Schrei eines Neugeborenen
inmitten der Nacht.
Die Grossen, die Herrschaften
haben es noch nicht begriffen.
Die allzumächtigen Reichen von gestern,
wo sind sie zur Stunde?*

Diese Allmächtigen!

*Die Pessimisten rufen
von neuem:
«Heute sind diese Reiche veraltet.
Selbst die Supermächte sind überholt
durch apokalyptische Allianzen
der Macht von Oekonomen
und Militärs,
von besten Köpfen
und mächtigen Massenmedien!»*

Die Allianzen!

*Und die Pessimisten fahren fort:
«Angesichts solcher Allianzen
verstricken sich allzuoft
auch Religionen.»*

Allianzen!

*Und sie, die Allianzen,
verspotten politische Regeln.
Sich richten sich ein
und fühlen sich wohl
im Westen und Osten,
im Norden gleich wie im Süden.*

*Es stimmt, Herrgott,
es ist Mitternacht.*

*Wie könnten wir aber vergessen:
Je dunkler die Nacht,
umso schöner der Morgen!*

*Und wir, die Kinder?
Denkt ihr an eure Kinder?
Denn wir sind die Grossen von morgen.
Das Jahr 2000 wird uns gehören.*

*Morgenröte, wirst du nach der Nacht
zwei einige Welten vorfinden,
ein Lied, eine Sinfonie?*

Zwei Welten! Ein Lied!

*Wer wird gewinnen?
Der Mensch, mein Bruder?
Der Geist weht
inmitten der Nacht.*

Eine Sinfonie.

Besinnung nach Mitternacht

1

Mach aus mir einen Regenbogen,
der alle Farben enthält,
in die sich Dein Licht bricht!

Mach aus mir immer mehr
einen Regenbogen,
der das ruhige Wetter ankündigt
nach den Stürmen auf See.

2

Der Beduine,
der sich in der Wüste auskennt,
tauchte mich in tiefe Nachdenklichkeit
mit seiner geheimnisvollen Bemerkung:
es genügt das Fehlen eines Sternes,
damit eine Karawane
die Richtung verliert.

3

*Der Mensch spannt Telefondrähte
quer durch die ganze Stadt
und gibt keine Ruhe,
ehe er nicht die ganze Welt
in Rufweite hat.
Das Radio,
das keiner Drähte bedarf,
reizt und spornt zu noch mehr Geschwätz.*

*Wo bleiben die Erfinder?
Wir brauchen dringend Erfindungen,
die zu Stille verhelfen,
sie schützen,
sie retten.*

4

*Alles, gar alles,
spricht mir, dank Dir,
von Dir.*

*Wenn ich schreibe,
verlange ich, weisses Papier
in Deinen Händen zu sein,
worauf Du schreiben kannst, was Dir
gefällt.*

*Wenn ich in einem Buch blättre,
hoffe ich zuversichtlich,
dass all diese Wörter nicht fruchtlos
bleiben
und dass niemand schreibt,
der keine frohe Botschaft mitzuteilen hat.*

*Jeder meiner Schritte ruft mir in
Erinnerung,
dass ich — wohin ich auch gehe —
immer zur Ewigkeit unterwegs bin.*

*Das Stimmengewirr der Leute,
das trockene Laub, das dem Boden*

entlangwirbelt,
die vorübergleitenden Wagen,
die überladenen Schaufenster,
der Verkehrspolizist,
der Karren des Milchmanns,
der arme Bettler,
Treppe und Fahrstuhl,
Eisenbahnschienen und Wellentäler,
Rassehunde und Strassenköter,
die schwangere Frau,
der Zeitungsverkäufer,
der Strassenkehrer,
Kirche und Schule,
Büro und Fabrik,
die Strassen, die man verbreitert,
die Hügel, die man einebnet,
der Hinweg und der Rückweg,
der Schlüssel, womit ich die Türe öffne,
der Schlaf wie das Wachen:
alles, schlechterdings alles,
lenkt meine Gedanken auf Dich.

Was soll ich dem Herrn schenken
für alles, was Er mir schenkt?

5

*Mach aus Gott nicht
dein Kopfkissen,
noch aus dem Gebet
dein Federbett.*

6

*Das äusserste geben.
Immer mit dem Herzen arbeiten
und mit ganzem Herzen,
ob es sich darum handelt,
ein Raumschiff
zu den Sternen zu führen
oder einen
einfachen Punkt mit dem Bleistift
zu zeichnen.*

7

*Wenn Arbeit
den kleinen Leuten das Hemd durchnässt,
schau um dich, und du wirst sehen,
dass Engel
die Schweisstropfen einsammeln,
als seien es Diamanten.*

8

*Knöpft man einen Knopf
in ein Knopfloch, das nicht das seine ist,
wird es unmöglich,
die übrigen richtig zu knöpfen.*

9

*Als ich die Ziegen sah,
die Kette um den Hals,
damit sie ihren Bereich nicht verlassen
und in die Pflanzungen eindringen,
da hatte ich das lang gesuchte Symbol
für eine ganze Welt gefunden, die abseits
gehalten wird:
für die unterentwickelte Welt.*

10

*Teilst du dein Brot ängstlich,
ohne Vertrauen,
ohne Wagemut,
überstürzt,
wird es dir fehlen.
Versuch es zu teilen,
ohne in die Zukunft zu denken,
ohne zu rechnen,
ohne zu sparen,
als ein Sohn
des Herrn über alle Ernten der Welt.*

11

Wenn du tausend Gründe zu leben findest,
wenn du dich niemals einsam fühlst,
wenn du beim Aufwachen singen möchtest,
wenn alles zu dir spricht
— von den Steinen auf dem Weg
bis zu den Sternen am Himmel,
von den Eidechsen, die faulenzen,
bis zu den Fischen, den Herren des Meeres —
wenn du die Winde verstehst
und der Stille lauschest,
erschaure vor Freude:
Die Liebe geht an deiner Seite,
sie ist deine Weggefährtin,
deine Schwester.

12

Selbst Du,
mit Deinem unwiderstehlichen Blick
unendlicher Güte,
hast nicht vermocht,
das Herz des reichen Jünglings
zu bewegen.
Und dabei hatte er
von Kindheit an
all Deine Gebote
befolgt.
Herr, mein Herr,
lass nicht zu, dass wir
aus falscher Liebe
die schrecklichen Wahrheiten
verharmlosen,
die Du den Reichen gesagt hast.

13

*Jegliches Opfer
zu jeglichem Preis
lohnt die Freude,
einen erloschenen Blick
von neuem aufleuchten zu sehen,
einen Menschen,
der das Lächeln verlernt zu haben schien,
von neuem lächeln zu sehen.
Vertrauen
wiedergeboren zu sehen
bei einem, der nicht mehr glaubte —
an nichts
und an Keinen ...*

14

Wenigstens nachts
lass
dein Herz ruhen ...
Wenigstens nachts
hör auf zu rennen;
besänftige die Wünsche, die dich
verrückt machen;
versuch,
deine Träume schlafen zu lassen.
Gib dich preis,
Leib und Seele,
gib dich preis,
endgültig,
ohne Rückhalt,
in Gottes Hände!

15

Stimmt es, dass Du den Regenbogen
als Zeichen des Friedens
und der Verbindung zu den Menschen
verstanden hast?
Dann schaffe am Himmel
ein solch mächtiges Zeichen,
dass es das Gewissen der Völker
erschüttert
und sie dahin führt,
den offensichtlichen Irrsinn der Kriege
und der Missbildung
einer winzigen Welt der Reichen zu sehen,
die umschlossen und durchdrungen
von den Wassern des Elends ist.

Gebete der Hoffnung

Wir vermögen unser Leben zu ändern

*Der Stein leidet,
denn alle reden
von seiner Härte...
Und dabei
suchtest Du einen Stein
als Kissen für Dein Haupt,
denn Du wusstest und weisst,
dass es die Hoffnung der Steine ist
zu dienen...
Beim Dienen
werden sie weich
wie Wolken...*

*Wir vermögen
unsere Gezeiten und
unsere Launen zu zügeln*

*Die Gezeiten und Launen
in meinem Innern
Ich sehe gern eurem Wechsel zu
– Flut und Ebbe
– zunehmender Mond
und abnehmender Mond,
– Neumond und Vollmond . . .
Das hilft, die Eintönigkeit zu überwinden.
Aber liebe Ebbe
und lieber abnehmender Mond,
bleibt im Geheimsten meines Innern.
Der Hoffnung zuliebe
tragt Sorge,
Gezeiten und Launen, meine Schwestern,
und zeigt euch immer,
vor allem denen, die Mut suchen,
in eurer hochgemuten Form!*

*Wir vermögen
immer wieder aufzustehen*

*Danke, Herr,
denn Deine Güte hilft uns
zu entdecken,
Dass Auflehnung
gegen Schwäche, Sünde, Fehler
Hochmut ist,
der sich für vollkommen hält
und vergisst:
wir sind
Schwäche, Schwäche, Schwäche...
Ach! wenn unser Hochmut doch wüsste,
dass Du Wunder wirkst,
um die wahre und echte Demut
zu erhalten.*

*Hoffnung
mitten im Leiden*

*Herr, wenn das Kreuz
nackt auf uns fällt,
zermalmt es uns ...
Wenn mit dem Kreuz
Du kommst,
küsst Du uns ...*

*Hoffnung
mitten im Elend*

*Severina, als du sagtest,
dass kein Geld der Welt
deine Augen und Ohren,
deine Stimme und deinen Atem,
deinen Mund, der isst und redet,
deine Arme, Füsse und Beine,
deinen Kopf und dein Herz —
und vor allem nicht deinen Glauben
kaufen könnte —
da sah ich in dir
die wahrhaft Reiche,
den wahren Reichtum!*

*Hoffnung
in der Verfolgung*

*Johannes Paul der Zweite,
dieser von Gott geliebte Johannes,
hat in Brasilien gesagt:
«Ich ziehe eine verfolgte Kirche
einer Kirche der Kompromisse
tausendmal vor.»*

*Die Hoffnung
und die Ausweglosigkeit
eines menschlichen Dialogs*

*Vater, dass doch der Mensch
sich losreissen möge
von seiner winzigen Erde
und aus seinem Milchstrassensystemchen
und endlich
einsehen möge
die Lächerlichkeit
von Hochmut und Eitelkeit
und die Dummheit
seiner bisherigen
Schein-Gespräche...*

*Die Hoffnung
und der Irrsinn des Wettrüstens*

*Bei Deiner Festnahme, Herr Jesus,
hast Du Deinem Gefährten gesagt,
da er seine Hand ans Schwert legte
und es zog,
den Diener des Hohenpriesters schlug
und ihm ein Ohr abhieb:
«Stecke dein Schwert in die Scheide,
denn alle,
die zum Schwerte greifen,
kommen durch das Schwert um.»
Und was sagst Du
zur Herstellung
und zum Einsatz von Kernwaffen?*

Die Hoffnung
und die Ideologie der Nationalen Sicherheit

Sadrak, Meschak und Abed-Nego,
trifft es zu, dass Staaten,
welche die Nationale Sicherheit
zum höchsten Wert erheben,
es Nebukadnezar
mit seiner goldenen Bildsäule gleichtun,
die der König anbeten liess?
Heute besteht die Anbetung darin,
zur Verteidigung des Wertes aller Werte
alles gelten zu lassen:
Entführungen, Foltern,
das endgültige Verschwinden von Personen,
den Mord . . .
Alles taugt
zum Schutz der Nationalen Sicherheit.
Ist das ein Fall,
Wo man es auf sich nehmen muss,
in den glühenden Ofen geworfen zu werden?

Sicher wird der Geist Gottes
eine neues Lied einhauchen,
das den Opfern
der Abgötterei aller Zeiten Mut macht.

*Die Hoffnung
und die Verschwendung
der Rohstoffe*

*Mensch, mein Bruder
Der Herr
lässt uns teilhaben
an seiner göttlichen Intelligenz
und an seiner Schöpferkraft.
Er hat die Demut und den Wagemut,
uns zu beauftragen
mit der Zähmung der Natur
und der Vollendung der Schöpfung.
Haben wir damit das Recht,
die Natur zu verschmutzen
und sie zu zerstören,
indem wir die Rohstoffe vergeuden,
die unwiederbringlichen?
Mensch, mein Bruder,
wir müssen lernen,
mit dem Herrgott
zu schaffen und nicht zu zerstören.
Zerstörung
ist des Schöpfers nicht würdig
und weniger noch des Mitschöpfers.*

*Die Hoffnung
und die Multinationalen*

*Eine Multinationale
zur Verschärfung
der Herrschaft
eines Drittels und weniger als eines Drittels
über zwei Drittel und mehr als zwei Drittel
der Menschheit,
die in einem unter-menschlichen Zustand
des Elends und des Hungers leben? . . .
Nein, nein, nein!*

*Eine Multinationale
des Glaubens,
der Liebe,
der Hoffnung?
Ja, ja, ja!*

Hoffen dank dem Einsatz
der Universitäten

Universität, Achtung!
lass dich nicht
einpferchen
in Curricula und Programme,
die direkt oder indirekt beherrscht werden
von egoistischen und unersättlichen
Minderheiten,
denen der Mut fehlt,
sich den wahrhaft grossen Problemen der
Menschheit
unserer Tage
zu stellen.
Wenn die Jungen
dich nicht furchtlos finden,
offen für die Wahrheit,
für die Hoffnung,
für die Liebe,
werden die Jungen dich eintauschen
gegen die Universität des Lebens!

*Hoffen dank dem Bund
der Schwachen mit den Schwachen*

Den Mächtigen und den Supermächten
scheint er lächerlich ...
Hat Goliath
den Knaben David
vergessen?

*Hoffen dank Überwindung
des Egoismus*

Durchbrich deinen Panzer aus Egoismus
Wenn du dich selbst nicht kennst,
nie wirst du andere kennenlernen.
Der Egoismus
ist die letzte Wurzel allen Unglücks,
vom persönlichen
bis zum weltweiten.
Er nährt einen unersättlichen Hunger,
der zunächst den anderen
alles wegfrisst
und dann ein Geschöpf dazu bringt,
sich selbst zu verschlingen.

Vater!

*Dein Geist
hat mit des Paulus Stimme gesagt,
dass die ganze Erde
und auch wir
als Deine Kinder,
die auf Erlösung harren,
seufzen
in den Wehen einer Geburt!
Das ist leicht, o Herr,
zu begreifen und zu bejahen.
Aber es gibt Durchgänge,
die sind so hart,
es gibt Stunden,
die sind so voller Angst,
dass das Bild zutrifft —
es sind Wehen!
Etwas wird geboren werden . . .
Wer weiss?
— Eine Welt, worin es sich atmen lässt,
  eine gerechtere, eine menschlichere!*

Gebet für die Reichen

Vater,

Beten für die Reichen?
Woher kommt dieser Einfall?
War doch Jesus, Dein Sohn und
unser Bruder, sehr hart gegen sie.
Er sah für sie, menschlich gesprochen,
keine Hoffnung und keine Rettung.
Er gab nur zu verstehen, dass Dir
nichts unmöglich ist. Auch wo
Menschen keinen Ausweg sehen und
keine Lösung . . .

Warum ein Gebet für die Reichen,
die Geld haben, aber auch Macht,
Verstand und Talent; warum ein Gebet
selbst für jene, die reich sind an Tugenden
und frommen Taten? Sie besitzen ja
alles. Sie scheinen Deine Hilfe
nicht nötig zu haben. Sie sind
sich selbst genug.

Doch man muss beten
und Dich bitten, Du mögest ihnen
die Schuppen von den Augen fallen
lassen, damit sie endlich sehen;

*Du allein bist der wahre Reiche;
denn nur Du hast das Leben,
das Wissen, die Freiheit,
die Heiligkeit in Fülle. Gewiss hast
Du uns davon gegeben. Du hast den
Menschen geschaffen nach Deinem Bild
und Gleichnis. Du hat ihm aufgetragen,
die Natur zu beherrschen und
die Schöpfung zu vollenden.
Du lässt ihn teilhaben an Deiner
Gottheit, an Deiner Schöpferkraft.*

*Wie kann man aber nicht verstehen
wollen: dass es Diebstahl ist
diese Gaben so an sich zu reissen,
als wären sie nicht verliehen,
als könnten sie Vorrecht weniger
bleiben? Ob die wenigen es wissen
oder nicht: sie sind verantwortlich
für die Unterdrückung unzähliger
Menschen; und mit jedem unserer
Tage wächst deren Überzahl.*

*Herr,
hilf denen, die sich ihren Reichtum
zugute halten. Es sind armselige*

*Reiche, kommen sie nicht zu
jener Einfalt, die weiss, dass sie
alles erhalten hat, und zu
jener Brüderlichkeit, die nie vergisst,
dass alle Menschen zur Teilhabe
an Deinem göttlichen Reichtum
eingeladen sind.*

*Arme Reiche, die mit einem Schlag,
vielleicht morgen, die Illusion ganz
erkennen müssen, in der sie
gefangen waren. Sie gleichen
Schauspielern, die die Rolle von
Reichen spielen. Sie geben sich
wie Reiche, sprechen wie Reiche,
werden für Reiche gehalten und wie
Reiche empfangen. Fällt der Vorhang,
ist das Schauspiel zu Ende: Können
sie dann meinen, sie seien wirklich
reich gewesen?*

*Hilf allen, die sich bereichert
haben, und sei es auch durch harte
Arbeit: überzeuge sie, dass
die beste Erbschaft für ihre Kinder
das lebendige Beispiel*

*der Gerechtigkeit ist, des offenen
Herzens und der offenen Hände,
der Freiheit vom Geld, das
zum Dienen gebraucht und nicht
zum Götzen erhoben wird.*

*Ein Scheckbuch lässt sich in den
Tod nicht mitnehmen. Angesichts
der Ewigkeit gilt eine einzige
Währung: getane, gelebte Liebe.*

*Wer reich geworden ist, muss
gemahnt werden: Familien, die
einst geeint waren, geraten in
Zwist, wenn es umd die Erbschaft geht.
Die Stunde der Erbteilung ist
keine gute, allzuoft eine
schreckliche Stunde.*

*Hilf denen, die in der Politik
den Gipfel oder den scheinbaren
Gipfel der Macht erreicht haben.
Sie halten sich nicht nur für
mächtig, sondern auch dafür geboren,
Gehorsam, Gefolgschaft,
Gehör und Bedienung zu verlangen.*

*Sie müssen erkennen, dass Jesus,
Dein Sohn und unser Bruder, gekommen
ist, um zu dienen, und nicht, um
bedient zu werden. Unsere Zeit erträgt
Macht und Autorität nur dann,
wenn sie den Dialog liebt und ihn
auch führt. Auf der ganzen Welt
erstreben die Völker das Ende des
Zwiespalts von Volk und Macht,
von Volk und Partei.*

*Hilf den Wissenschaftlern, Literaten
und Künstlern, die sich für weise
und einsichtig halten. Dass sie
den Kopf nicht verlieren . . .
Dass ihnen bewusst bleibt: Jeder
Fortschritt in der Forschung ist
ein winziger Schritt im Vergleich
zu dem, was noch zu erforschen
bleibt. Zwar jagen sich wissen-
schaftliche Entdeckungen und
Überraschungen. Maschinen ver-
arbeiten Informationen und Daten.
Den Gelehrten und Intellektuellen
muss diese Entwicklung Demut nahe-
legen, heute mehr denn je.*

*Die Techniker erfahren als erste
Ruhm und Schmach der Technik.
Den Ruhm: Es genügt, an das Spektakel
zu erinnern, das die ganze Welt
miterlebt hat. Aus einem kleinen
Winkel der Erde kontrollieren
Techniker die Raumfahrten bis in
letzte Einzelheiten: Kursabweichungen,
selbst Atmung und Blutzirkulation
der Raumfahrer werden registriert.*

*Neben dem Ruhm steht die Schmach:
Es ist entwürdigend, Geist und
spezialisiertes Wissen in den
Dienst von wenigen Unternehmen
zu stellen, die sich mehr und mehr
zusammenballen.*

*In besonderer Weise, Herr, nehmen
Gelehrte, Techniker, Künstler und
Intellektuelle an Deiner Schöpfermacht
teil. Möchten sie sich als
Mitschöpfer verstehen und ihre
Eingebungen stets aus der einzig
wahren Quelle der Schönheit,
des Lichtes und der Wahrheit schöpfen.*

*Hilf Deinen Dienern, die ein
geistliches Amt tragen und beauftragt
sind, die heiligsten Handlungen
zu vollziehen. Wir Priester
dürfen keinen Abstand schaffen
zwischen Dir und Deinem Volk. Seien
wir echte Pontifices, das heisst
Brückenbauer. Die Brücken, die wir
bauen, müssen breit und begehbar
sein, damit jeder hin und her
zu Dir gelangen kann.
Nur wenn wir die Kirche und uns
nicht an Privilegien, Macht und
Geld hängen, können wir Deinen
Dienst ganz erfüllen: Verschwenden
wir unser Leben im Dienst am Nächsten!
Das ist die beste Art, Dir zu dienen und
dem einen und einzigen Gebot nachzuleben —
der Gottes- und Menschenliebe.*

*Hilf denen, die dank strengem Lebens-
wandel und wirksamer Wohltätigkeit
das Ansehen von Heiligen erworben
haben, die aber so schwach sind,
sich für besser als ihre Brüder zu halten.
Sie kommen sich gerecht, rein und heilig vor.*

*Dein Sohn und unser Bruder, Jesus,
war verständnisvoll und grossmütig
gegenüber allen Sündern, hart gegen
das Pharisäertum. Er hat die Pharisäer
öffentlich angegriffen, sie bekämpft
und empfohlen, zwar zu tun
was sie sagen, aber nicht, was sie tun.*

*Es ist eine gefährliche Abart
des Reichtums: stolz zu sein auf eigene
Demut, auf Armut, auf Entsagungen
und auf mystische Gemeinschaft.*

*Hilf, Herr, jenen, die immer wieder
beginnen, Wege der Heiligkeit zu
beschreiten, dass sie durchhalten.
Die Welt braucht Heilige. Doch
echte Heiligkeit nährt sich unablässig
von Demut und wahrhaftiger Liebe.*

*Hilf den Jungen! Sie verfügen über
den unerschöpflichen Reichtum der
Zukunft. Sie sind Meister des
Enthusiasmus und der Hoffnung. Sie
dürsten danach, in einer Welt ohne
Untermenschen und Übermenschen zu leben.*

Du verstehst, Vater, dass ich eine Jugend meine, die mit der Zahl der Lebensjahre nicht übereinzustimmen braucht. Es gibt Zwanzigjährige, die weder ein graues Haar noch ein Fältchen haben, aber trübsinnig und angepasst sind. Und es ist möglich, 84 Jahre als zu sein (ich denke an Papst Johannes XXIII.) und sich die Jugendlichkeit der Seele und des Herzens bewahrt zu haben.

Die Welt hat ihn nötig, diesen wunderbaren Reichtum, der Jugend heisst.

Lass kein leichtes Leben die jungen Menschen verderben, lass keine Schwierigkeit sie entmutigen. Und lass sie vor der schlimmsten Gefahr gefeit sein: vor der Gefahr, sich einzurichten, das Feuer zu verlieren, im Innern schon alt, nur noch äusserlich jung zu sein.

*Hilf den Arbeitern in den Industrie-
ländern! Sie geniessen, was in
der Geschichte der Arbeitskämpfe ihre
Vorgänger errungen haben. Nun dürfen
sie nicht verbürgerlichen. Sie dürfen
ihre Brüder nicht vergessen:
die Arbeiter, denen Gewerkschaften
verboten sind; die Menschen, die
Fremdarbeiter oder Gastarbeiter genannt
werden; die Brüder in der Dritten
Welt, die gar nicht Arbeiter im vollen
Sinne werden können, die weiter
einfache Proletarier bleiben müssen.*

*Möge jeder Arbeiter eine gerechtere
und menschlichere Stellung erlangen,
ohne dem Egoismus zu verfallen!*

*Du weisst, Herr, heute gibt es
nicht nur den Unterschied zwischen
reichen und armen Einzelnen.
Es gibt reiche, ja überreiche Länder,
und es gibt arme Länder. Du weisst:
Dieser Unterschied wird nicht kleiner,
sondern immer grösser.*

Hilf den Menschen guten Willens
— aus allen Ländern, Rassen, Sprachen
und Religionen —, durch befreienden
moralischen Druck das Bewusstsein
der Verantwortlichen zu wecken,
damit sie der Menschheit helfen,
frei zu werden vom Makel der Unter-
menschen, die das Elend erzeugt;
vom Makel der Übermenschen, geboren
aus Überwohlstand und Luxus.

Hilf jenen, die das Glück hatten,
in reichen Ländern geboren zu werden;
verhilf ihnen zur Einsicht, dass
die Privilegien, die sie geniessen,
mit Unrecht gegen die armen Länder
erkauft sind. Oft werden sie zu Komplizen
dieses Unrechts, ohne es zu merken.

Hast Du schon bemerkt, Herr, wie
sehr — in den entwickelten und in
den armen Ländern — Minderheiten
zahlreicher werden, die wie Abraham
gegen alle Hoffnung hoffen. Sie sind
entschlossen, eine menschlichere
und gerechtere Welt zu bauen.

*Tröstlich ist es zu sehen, wie sie
friedliche, aber kühne Taten in
Angriff nehmen, die mehr und mehr
die Strukturen der Unterdrückung
erschüttern werden.*

*Vielleicht erscheint Dir, Herr,
der Schluss dieses Gebetes etwas naiv:
Es gibt nur einen Reichtum: die Teilnahme
an Deinem Leben, Deiner Göttlichkeit,
Deiner Schöpfermacht, Deinem Willen.
Anderer Reichtum ist falscher
Reichtum, angehäuft aus Egoismus.*

Geld, Macht, Ruhm, Verbürgerlichung
verbreiten Egoismus: Das ist jenes
Tier, das in uns selbst steckt, uns
verschlingt und uns verleitet,
zu verschlingen...

*Hilf der menschlichen Kreatur,
falschem Reichtum zu entgehen und
einzutauchen in den Reichtum,
zu dem wir alle geboren sind:
in die eine, untrennbare Liebe
— Gottesliebe — Menschenliebe.*

III

REDEN
IN DIESER WELT

DREI PREDIGTEN FÜR MEIN VOLK

Sonja und Claudia

Im voll besetzten — was sage ich? — im übervollen Autobus zog ein Kind die Aufmerksamkeit auf sich, das mit unendlicher Sorge ein Stück Holz in der Hand trug. Eine Dame hielt es nicht länger aus: sie fragte es, womit dieses nichts-sagende Holzstück soviel Sorgfalt verdiene.
Das Kind erklärte: «Ich führe eine kleine Ameise, meine liebste Freundin, spazieren. Das ist ihre erste Busfahrt!»
Wieviele mögen die ganze Poesie und Menschlichkeit begriffen haben, die in diesem Bub steckte!
Ich liess ihn nicht aus den Augen. Als er ausstieg, folgte ich ihm. Ich spürte, dass ich mit ihm plaudern könnte.
Ich habe ihm bekannt, dass auch ich die kleinen Ameisen liebe. Und ich habe ihm von dem einzigen Missverständnis erzählt, das es zwischen ihnen und mir gegeben hat.
Eines Nachts hatten die kleinen Ameisen bei uns zu Hause den Rosenstock aufgefressen. Am folgenden Tag erwischte ich Sonja, eine rote kleine Ameise, eine der gescheitesten, denen ich in meinem Leben begegnet bin. Trotz meiner Wut habe ich sie nicht zerdrückt, denn Gott behütete mich wohl vor meiner Wut. Aber ich

hielt sie gut fest. Ihre Beinchen zitterten, und ihr Herz zersprang fast — so heftig schlug es.
Ich wollte wissen, warum sie in einer einzigen Nacht meinen Rosenstock aufgefressen hatten.
Klein-Sonja entgegnete: «Glauben Sie denn, Sie seien der einzige, der Rosen liebt?»
Zunächst war ich verblüfft, aber dann erwiderte ich:«Das ist mir eine schöne Art zu lieben: auffressen!»
Aber ich bin vor Scham fast gestorben, als Sonja mich fragte: «Was tut ihr denn anderes, sooft ihr kommuniziert?»
Ich entschuldigte mich, befreite sie mit höchster Sorgfalt und setzte sie zu Boden.
Drei Tage schmollten mir alle Ameisen.
Schliesslich hielt ich es nicht mehr aus und gab Klein-Sonja zu verstehen, sie möge mir helfen. Und so brachte ich den Ameisen dank Sonjas Mittlerrolle bei, an den Rosen zu riechen, statt sie zu fressen. Ich erklärte ihnen, dass man sich überall auf der Welt küsst; nur im Nordosten beschnuppert man sich.
Ich lud den kleinen Jungen, der seine Ameise im Autobus spazieren führte, ein, in einer schönen Mondnacht zu uns in den Garten zu kommen: dort könne er dann alle Ameisen auf die Rosenstöcke klettern und an den Rosen riechen sehen.
Das Kind — anders als die Grossen — wunderte sich nicht, zweifelte nicht. Es fand das wunderbar!
Also habe ich ihm erzählt, wie ich eines Tages Claudia kennenlernte, eine ganz junge Ameise,

die hinkte. Das war in unserem Garten. Mit ihrer Einwilligung legte ich sie auf den Rücken, um besser sehen zu können, was ihrem Pfötchen fehle.

Zum ersten Mal wurde Claudia den Himmel gewahr. Denn die Ameisen halten es auch nicht anders als die Menschen: immer nur laufen, immer nur rennen, ohne sich je die Zeit für einen Blick nach oben zu gönnen, um den Himmel zu betrachten. Als Claudia zum ersten Mal den Himmel sah, blieb sie mit offenem Mund liegen — vor Überraschung und Staunen. Ich begriff sofort, dass es keinen Sinn hätte, ihr jetzt Fragen nach ihrem Beinchen zu stellen. Sie hörte mir gar nicht zu. Sie schaute den Himmel an.

Zu dem Bub sagte ich, während er mit seiner kleinen Ameise auf dem Holzstück wieder in einen Autobus stieg: «Wenn du mich in einer mondhellen Nacht besuchen kommst, kann es dir passieren, dass du all die kleinen Ameisen antriffst, wie sie auf dem Rücken liegen, den Kopf im Gras, und den Mond bestaunen.

Ihr grossen Leute! Ihr wichtigen Persönlichkeiten! Verzeiht mir, wenn ich euch enttäuscht und verblüfft habe, indem ich euch einen Augenblick vernachlässigte, um mit den Kindern zu reden. Hat Jesus nicht gesagt, nur der könne in das Himmelreich eingehen, der sich so klein wie die Kinder mache?

*Die grossen Leute
verstehen überhaupt nichts*

Die Mutter des Jungen hatte es sich nun einmal in den Kopf gesetzt, dass er es sei, der den Hausschlüssel verloren habe. Sie zwang ihn also, die beiden Hosentaschen und die beiden Taschen seiner Jacke von innen nach aussen zu kehren.
Was da nicht alles zum Vorschein kam! Alles Mögliche — nur nicht der Schlüssel.
Die Mutter des Schlingels wurde immer wütender. Was er in seine Taschen stopfte, schien ihr lauter unnützes Zeug. Wie schwer Kinder doch zu verstehen sind!
Mit welcher Wehmut erinnere ich mich an die Taschen meiner eigenen Kindheit! Sie sahen ganz ähnlich aus.
Eine leere Fadenspule! Konnte die Mutter begreifen, dass das, was wie eine Fadenspule aussah, in Wirklichkeit ein elektronisches Telephon für den Fall war, dass man die Wüste zu durchqueren hätte?
Ein Ende Schnur! Wie konnte ein Grosser jemals zugeben, dass es sich nicht um ein Stück Schnur handelte, sondern um ein Zauberseil, das sich zwischen zwei Gipfeln ausspannen liess, um so von Berg zu Berg zu wandern, oder über die Fluten, wenn es galt, Wildwasser zu überqueren?
Kiesel jeglicher Grösse und Farbe: also die brachten die Grossen endgültig zum Stirnrun-

zeln, da sie unfähig waren zu glauben, dass es Stückchen vom Mond waren, die ein Astronaut heimgebracht hatte.

Die Mutter des Jungen sah die unwahrscheinlichsten und unerwartetsten Dinge der Tiefe seiner Taschen entquellen — nur nicht den Hausschlüssel. Als eine Schelle zum Vorschein kam, platzte es aus ihr: «Endlich etwas, was ich begreife! Eine Schelle! Du verdienst es, dass man dir welche um den Hals hängt, an die Hand- und an die Fussgelenke, du Hanswurst!»

Der kleine Bub wurde ganz traurig, hielt aber den Mund. Ich hatte die grösste Lust, mich einzumischen. Ich hätte gesagt: «Sie werden sehen, dass es sich um eine Zauberschelle handelt, die ein Fisch aus den tiefsten Tiefen des Meeres herbeigebracht hat. Sie werden sehen, dass es eine Schelle ist, die alle Traurigkeit verjagt und Freude anzieht.» Das wollte ich sagen — aber ich habe geschwiegen. Man hätte mich nicht verstanden. Es ist für die Grossen so schwierig, das Einfachste einzusehen! Ich erinnere mich, dass die Taschen des Kindes ausserdem noch Samenkörner hergaben, einen Nagel, einen Kreisel, ein Stück Stoff und das Foto von Roberto Carlos, einem brasilianischen Volksliedsänger.

Das Stück Stoff — das sprang in die Augen — war der Schwanz eines Flugdrachens. Der Kreisel musste der Star eines Kreiselballetts sein. Die Samenkörner vermochten mit ein bisschen schöpferischer Phantasie alles Beliebige hervorzubringen. Der Nagel! Nun ja, ein Nagel. Aber welche Manie, für alles eine Erklärung haben zu wollen! Warum den Nagel nicht für eine Überraschung aufbewahren? Ihr werdet sehen, dass er noch vor Einbruch der Nacht ein gutes halbes Dutzend Male einen Dienst versehen wird. Und was das Foto von Roberto Carlos betrifft — das wäre wirklich der Gipfel, wenn ihr fragen wolltet, was es hier zu suchen habe! Wieviel Geduld müssen die Kinder für die Grossen aufbringen!

Der Simpel Gottes

In meiner Nähe pflegt ein Simpel Gottes, ein wunderbarer kleiner Verrückter, im Freien zu übernachten.
Von Zeit zu Zeit gehe ich mit ihm plaudern. Als ich ihn eines Tages fragte, ob er denn keinen Ort zum Übernachten habe, antwortete er ganz verdutzt: «Doch, doch, natürlich! Auf der Erde — daran fehlt es nie. Und auch nicht an Himmel!»
Ich beharrte auf meiner Logik: «Aber wenn es regnet?»
Und er, wie aus der Kanone geschossen: «Meinst du denn, ich dusche nie?»
Ich fragte ihn, ob er nicht Hunger habe, ob er nicht etwas essen wolle.
«Was ich möchte, ist singen. Hörst du mir zu? Ich bin zum Singen geboren.»
Wie hätte ich mich widersetzen können? Ich habe ihn also gebeten, zu singen.
Auf eine Volksmelodie, eine für den Nordosten sehr typische, sang er ungefähr die folgenden Worte:
«Stolzer du, Stolzer du, Stolzer du,
Antworte mir, sag es mir, antworte mir:
Wirst du sterben? Wirst du sterben?
Dann krankst du nicht an Stolz.
Es fängt nicht an mit St,
es fängt mit . . .»

Und noch ehe ich zu lachen und Beifall zu klatschen begann, lachte er selbst und klatschte in die Hände, als sei der Sänger ein anderer.
Ich bestand darauf, ihm etwas zu essen zu geben, indem ich ihn an die Vögel erinnerte: sie singen, aber sie essen auch.
Diesmal gelang es mir, ihn zu überzeugen. Ich ging ein wenig Essen in einem Blechnapf holen. Er lachte über meine Dummheit.
«Ich will Guave[1])! Ein Vögelchen isst Guave.»
Es ist mir noch nicht gelungen, seinen Namen zu erfahren. Sooft ich ihn frage, gibt er mir eine andere Antwort: «Nenn mich Fink. Wenn du mich Auerhahn nennst, ist's mir auch recht. Nur ein Gimpel — das bin ich bestimmt nicht.»
Ich mag es, wenn er singt, ohne zu wissen, dass er belauscht wird:
  «Vogel, kleiner Vogel,
  Versuche nicht, dich zu bereichern.
  Geld ist wie Leim:
  Es nimmt dich gefangen,
  Du kannst nie mehr fliegen.»
Eines Tages habe ich ihn gefragt, ob er auch bete. Er hatte Mühe, meine Frage zu verstehen. Die einzige Antwort, die ich bekam, lautete: «Die Kinder werfen mit Steinen nach mir. Ich fliege davon und lache und singe!»
Einen Augenblick habe ich daran gedacht, ihn in eine Klinik einzuweisen, wo mir befreundete Ärzte herausfinden könnten, was ihm fehle, und ihn vielleicht heilen.

Aber ich habe sehr bald eingesehen, dass er und wir bei der Veränderung nur verlieren würden. Leute mit einem klaren Kopf, logische und hyperlogische, gibt es nur zu viele. Vielleicht verstehen wir uns darum so schlecht, und vielleicht ist die Welt darum so durcheinander.
Setz deinen Flug fort, Simpel Gottes — Fink vielleicht oder Auerhahn, aber bestimmt nicht Gimpel.
Sing weiter, sing weiter. Ich werde alles tun, um Gottes Weisheit zu bewahren, die durch deine Narrheit spricht.
Und sooft ich kann, werde ich dir eine schöne reife Guave aufbewahren — möglichst eine, an der schon ein Vögelchen, dein Bruder, gepickt hat.

1) Frucht des Guajavabaums aus dem tropischen Amerika

Helder Câmara vor dem «Forum Europäischer Manager», Davos 1974.

DREI REDEN (1974):
OSLO, FRANKFURT, DAVOS

Oslo:
Ökumene in göttlicher Weite

Besitz der Wahrheit?
Je mehr einer empfängt, um so ärmer ist er. Wären wir reich, so brauchten wir nichts zu empfangen. Von allen bloss menschlichen Geschöpfen hat Maria die Armut des Empfangens am besten verstanden. Sie wurde vom Vater zur Mutter Christi, zur Mutter des menschwerdenden Gottessohnes, zur Mutter Gottes erwählt, und ihr Danklied ist ein Hohelied der Demut, angestimmt von einer Frau, die anerkennt, dass sie das ärmste aller Geschöpfe ist, weil sie am meisten empfangen hat.
Leider vergessen Geschöpfe diese Wahrheit nur zu leicht. Wir haben ohne Verdienst göttliche Offenbarung empfangen, und nun fühlen wir uns reich im alleinigen Besitz der Wahrheit und des Gottesgeistes! Wieviel Zwiespalt, wieviel Streit haben wir uns geleistet, um herauszufinden, wem Gott gehöre, wer der geistige Millionär sei! . . .
Gott ist Liebe und ein Gott des Friedens: Und wir haben es zum traurigsten aller Kriege gebracht: zum Religionskrieg.
Wir Menschen sind allzumal Kinder desselben Schöpfers und Vaters — aber wir graben Klüfte

zwischen uns, die sich schwer wieder füllen lassen.

Gläubige Blindheit

Werden eines Tages auch die Schlichten, die Einfältigen, die Ungebildeten, die fast immer am gläubigsten sind, unsere neue Sicht übernehmen? Noch sehen sie in allen, die unser Bekenntnis nicht teilen, Söhne des Teufels — erst recht, wenn es sich nicht um Christen handelt oder gar um solche, die so verschroben sind, sich Atheisten zu nennen. Mit ihren Augen vermögen sie weder das uns Verbindende noch das Trennende zu sehen. Ihnen fehlt die heitere Überlegenheit, zu erkennen, dass unsere getrennten Brüder — gehören sie nun einer anderen oder keiner Religion an — oft Christen der Tat sind, auch ohne es zu wissen — wie es bereits Jesus gesagt hat.

Elitärer Ökumenismus

Selbst als wir, getrieben vom Geiste Gottes, endlich Wege zur Ökumene suchten, blieben wir wählerisch: Von Anfang an hielten wir uns an die christlichen Bekenntnisse, die uns würdiger, weil dem eigenen näher schienen. Nur widerstrebend wendeten wir uns den Juden zu — ihnen hatten wir die Schuld am Tode Christi aufgebürdet, ohne zu bedenken, dass für den Tod des Gottessohnes wir alle verantwortlich sind.

Und wie konnten wir vergessen, dass wir Söhne Abrahams, Isaaks und Jakobs sind — dass unsere

Patriarchen und Propheten Juden sind, dass Christus selbst Jude ist?...
Mühevoll haben wir endlich auch in nichtchristlichen Religionen und selbst im atheistischen Humanismus Wahrheiten und Reichtümer entdeckt: Sie stellen uns oft einen beispielhaften Einsatz für den Nächsten vor Augen, Liebe zum Menschen, unserem Bruder.

Der Massstab Gottes
Ausserdem gibt uns Gott selbst verblüffende Lektionen an Grossmut. Der Vater ist der Vater aller. Meinen die Weissen am Ende, sie seien in höherem Masse seine Kinder als die Schwarzen, Gelben, Roten oder Braunen? Und wer wüsste nicht, dass Er die Sonne über Gute und Böse aufgehen und Regen auf Gerechte und Ungerechte fallen lässt?
Es wäre dem Vater ein leichtes, das All ein für allemal, fertig und vollkommen, zu schaffen. Er hat es aber vorgezogen, die schöpferische Evolution in die Wege zu leiten; und als der Mensch auftrat, nach Seinem Bild und Gleichnis, hat Er ihn als Mitschöpfer adoptiert und hat ihn angewiesen, die Natur zu beherrschen und die Schöpfung zu vollenden.
Der Sohn Gottes ist Mensch geworden, um die Menschen zu befreien, und ist für alle gestorben... Keiner, aber auch gar keiner, bleibt von seinem befreienden Opfer ausgeschlossen. Keineswegs ist Er bloss für die Christen gestorben — vielmehr für alle Menschenkinder. Auch

dem Sohne wäre es ein leichtes, die Befreiung der Welt ein für allemal zu vollenden. Doch hat Er diese Aufgabe nur begonnen; denn Er wünscht sich den Menschen als Mitbefreier.
Der Heilige Geist, der am Anfang der Schöpfung die Wasser fruchtbar gemacht und in der Frühzeit christlichen Lebens eine entscheidende Rolle gespielt hat — auch dieser Gottesgeist ist nicht verstummt, hat sich nicht abgesetzt und ist nicht verschwunden. In unserem Jahrhundert des Egoismus, der Entfremdung, des Hasses und der Ungerechtigkeit bringt der Geist des Herrn ein Werk zustande, das ohne Ihn undurchführbar wäre: In allen Völkern, Rassen, Sprachen, Religionen und Gruppen weckt Er Minderheiten, die nach Gerechtigkeit hungern und dürsten und die bereit sind, beim Aufbau einer gerechteren, einer menschlicheren Welt mitzuhelfen.
Auch für Gottes Geist wäre es ein leichtes, Friede, Gerechtigkeit und Liebe ganz allein zu bewahren. Aber auch Er fordert die Mitarbeit des Menschen.

Versuchungen für die Religionen
In der Vergangenheit waren die Religionen häufig der Versuchung durch Prestige und Befehlsgewalt ausgesetzt, jetzt durch Anpasserei; sie sind versucht, sich den Forderungen von Regierungen zu beugen, die die Religion bestenfalls im privaten Bereich wirken lassen, sie auf den Kult beschränken und sie — das vor

allem — zur Aufrechterhaltung von Autorität und staatlicher Ordnung benützen. Religionen fügen sich bereitwillig dieser Einschränkung und verzichten darauf, sich in die Politik einzumischen.
Nun gibt es aber neben Parteipolitik und Prestigebedürfnis die politische Sorge um das Gemeinwohl, um die Überwindung des Egoismus, um die Wahrung der Gerechtigkeit — lauter unerlässliche Vorbedingungen für den Frieden.
Und für uns Christen bedeutet die Sorge um Gerechtigkeit auch ein Wiedergutmachen schwerer Unterlassungssünden. Auf Weltebene — und im Falle Lateinamerikas insbesondere auf kontinentaler Ebene — waren wir Kirchenmänner, besonders wir Bischöfe und Priester, so sehr darauf bedacht, Autorität und Ordnung hochzuhalten, dass wir gar nicht merkten, wie wir unmittelbar Hand boten, schwerstes Unrecht zu decken — und so sind wir mitverantwortlich für das untermenschliche Dasein Tausender, ja Millionen von Menschen.

Hoffnung auf die Jugend
Die Religionen, alle Religionen, werden zu neuem Leben erblühen, wenn sie sich statt ihren inneren Problemen mutig den grossen Anliegen der Menschheit zuwenden.
Dabei brauchen sie gar nicht das den Regierungen zustehende Gebiet zu betreten oder sich auf das eigenste Feld der Techniker zu begeben.

Aber welche Religion kann die Sache des Friedens unbeteiligt andern überlassen? Und wie kann man sich um den Frieden kümmern, ohne sich für Gerechtigkeit einzusetzen? ...
Es ist klar: Sobald die Religionen bewusst aufhören, eine pseudosoziale Ordnung moralisch zu unterstützen, werden sie die Unterstützung und die Billigung der Regierungen und der Mächtigen verlieren. Man wird sie sogar angreifen. Aber die Unterstützung durch die Jugend wird ihnen immer beweisen, dass sie sich auf dem rechten Weg befinden. Glücklich, wer die Jugend hinter sich hat!
Unsere Zeit kennt die Erscheinung, dass die Jugend der verschiedenen Religionen häufig den Eindruck hat, Angst, Selbstsucht, übermässige Vorsicht zeichne jene aus, die als religiöse Führer gelten — und die doch nicht führen.
Wir christliche Bischöfe und Priester müssen dringend einsehen, was es zu bedeuten hat, dass sich Tausende junger Menschen ohne unsere Vermittlung Christus nähern. Was ist das anderes als eine Mahnung, dass wir als Brücken zum Meister versagen?
Gott mache mich frei von dem Anspruch, Sie belehren zu wollen. Da Sie mir aber so brüderlich begegnet sind, lassen Sie mich diesen Appell an Sie richten:
- Fürchten wir uns nicht vor dem Ökumenismus, und geniessen wir ihn nicht nur tropfenweise.

– Tauschen wir vielmehr unsere lächerliche und allzu menschliche Engherzigkeit gegen einen Ökumenismus von göttlicher Weite!

Frankfurt:
Den Menschen vermenschlichen

Demütigende Lage der Religionen und Weltanschauungen
Schon das Wort «vermenschlichen» demütigt die Gattung Mensch. Es weist darauf hin, dass es einer Anstrengung bedarf, den Menschen menschlich zu machen. Neigt der Mensch dazu, unmenschlich zu werden? zum Tier zu werden? zur Sache? zum Roboter?
Die Verantwortung, dafür, ob das geschieht oder nicht geschieht, lastet vor allem auf den Schultern der Erzieher: der Eltern und Lehrer, der Geistlichen aller Religionen, der Schriftsteller und Denker — die atheistischen Humanisten eingeschlossen.
Die Religionen sind besonders betroffen. Eine jede von ihnen ist überzeugt, von Gott eine Botschaft erhalten zu haben, verknüpft mit dem Auftrag, den Menschen an der göttlichen Natur teilnehmen zu lassen oder ihn doch wenigstens menschlicher zu machen. Die atheistischen Humanisten haben den Religionen nichts voraus. Ihnen ist dieselbe, scheinbar überflüssige, in Wahrheit so schwierige Aufgabe überbürdet, dem Menschen zum Menschsein zu verhelfen.
Nur Wahrhaftigkeit macht uns frei. Zwar haben alle Religionen — samt dem atheistischen Humanismus — angesichts des Fehlschlags ihrer Sendung mehr als genügend Grund zur Demut. Wir Christen müssen die traurigste Bilanz zie-

hen. Schauen wir uns in der Welt um, so müssen wir feststellen — und das gilt besonders für Lateinamerika, den christlichen Teil der armen Welt — : Die winzige Minderheit, die ihre Mitbürger ausbeutet und in unmenschlichen Bedingungen leben lässt, ist christianisiert.

Drei Feststellungen
Wen diese Eingangsworte empören oder ärgern, der möge drei leicht zu erhärtende Tatsachen bedenken:
- In armen so gut wie in reichen Ländern gibt es eine Ungleichheit der Einkommen, die es kleinen Gruppen — Oligopolen — ermöglicht, die Erde zu beherrschen . . .
- Der Abstand zwischen den Ländern wird grösser. Welten beginnen auseinanderzuklaffen. Das gilt besonders vom Unterschied zwischen den industrialisierten Ländern und den Ländern, die Rohstoffe liefern.
- Auch die dritte Feststellung ist leicht zu beweisen: Religionen lassen sich von verschiedenen Seiten finanziell unterstützen, um bestehen und sich erhalten zu können. Damit die erhaltenen Kapitalien mit der Inflation nicht schwinden, müssen sie dort investiert werden, wo sie raschen und sicheren Gewinn bringen. Die Religionen, die den Menschen eigentlich aus Unterdrückungsstrukturen befreien sollten, geraten so selbst in deren Räderwerk und bringen es manchmal bis zu dem Widersinn, eigene Banken zu unterhalten.

Ausbeutung durch Kriege
Der Mensch wird anscheinend in zunehmendem Masse unmenschlich. Nicht abzusehen ist, wie der schwindelerregende Verlust an Sinn für Menschlichkeit aufgefangen werden kann. Man denke nur daran, was die Kriege heute anrichten. Krieg war immer sinnlos und absurd. Weshalb soll denn gelten, das Recht läge auf Seiten dessen, der siegt, herrscht oder erdrückt? Die Kriege werden stets hinterhältiger und fordern immer mehr Tote. Elektronisch gesteuerte Bomben erreichen mit mathematischer Präzision vorausbestimmte Ziele und machen sie dem Erdboden gleich. Das können Waffenlager und Energiequellen sein. Aber auch die unbewaffnete Zivilbevölkerung kann zum Ziel werden, wenn der Feind Panik stiften und damit eine Niederlage beschleunigen will. Mit den biochemischen und nuklearen Waffen hält der Mensch eine Gewalt in seiner Hand, mit der er jedes Leben vom Erdboden auslöschen könnte. Immer mehr Mächte legen sich ein solches selbstmörderisches Instrumentarium zu. Eine totale Zerstörung menschlicher Zivilisation kann durch ein Missverständnis ausgelöst werden. Die Supermächte haben deshalb lächerliche «heisse Telefondrähte» zwischen sich eingerichtet. Sie spielen mit dem Schicksal der Menschen, als hätten sie das niederschmetternde Schauspiel von Nürnberg vergessen.
Es muss als absurd bezeichnet werden, Ländern, die nicht einmal über die Mittel verfügen, um

den grössten Teil ihres Volkes von Elend und Hunger zu befreien, sündhaft teure Waffen zu verkaufen.
Führen heute die Kleinen gegeneinander Krieg und löschen sich gegenseitig aus — so stehen die Grossen im Hintergrund, testen ihre Waffensysteme, demonstrieren ihre Stärke und dehnen ihre Macht- und Einflusssphäre aus.

Ausbeutung des Friedens
Was bisher gesagt wurde, ist kaum zu bestreiten. Es muss aber ein weiteres hinzugefügt werden. Blutiger als jeder biochemische und nukleare Krieg, der erst als Drohung besteht, ist der Krieg des Elends und des Hungers. Er ist die Folge einer verzweifelten Profitgier der sogenannten Konsumgesellschaft, die man besser Verschwendungsgesellschaft nennt.
Die Preise für Rohstoffe fallen ständig, die Industrieprodukte werden teurer. Denn bei der Festsetzung der Preise spielen Entscheidungsstellen eine Rolle, die ihren Standort in den reichen Ländern haben. Wenn die armen Länder sich über die himmelschreienden Ungerechtigkeiten der internationalen Handelspolitik beklagen, lautet die wahrheitsfremde Antwort der reichen Länder, man kaufe die Rohstoffe aus Grosszügigkeit. Da man über synthetische Materialien verfüge, könne man völlig von den Erzeugnissen der armen Welt absehen. Trotzdem weiss jeder, wie nachdrücklich die USA, gegenwärtig der reichste und mächtigste Staat,

sich bemühen, ihren Expansionsrhythmus und ihr Imperium zu erhalten.
Noch ist ungewiss, wie die sogenannte Ölkrise (1974) ausgehen wird. Handelt es sich um einen echten Versuch der rohstoffliefernden Länder, ein Produkt aufzuwerten, das für die Industrieländer lebenswichtig ist, also für Staaten, die unterentwickelte Länder als Sklaven und Satelliten behandeln? Oder geht es noch einmal um ein Ränkespiel und eine Unterdrückung durch die grossen multinationalen Konzerne.

Ich glaube an die Vermenschlichung des Menschen
Wie weit richtet sich der Preis, den Sie mir in Ihrer Hochherzigkeit anbieten, an einen naiven Phantasten, der einen unmöglichen Frieden propagiert, oder an einen Menschen, der in einem Tagtraum einen soliden, nahe bevorstehenden und auf Gerechtigkeit und Liebe gründenden Frieden ahnt und voraussieht? Ich glaube an die Vermenschlichung des Menschen. Zwar entscheiden bis heute auch weiterhin kleine Gruppen über stets tückischere Kriege, die zunehmend mehr Tote fordern. Zwar beuten diese Gruppen noch immer einen trügerischen Frieden aus, der ein Sumpf ist, da er auf der Apathie und dem Fatalismus von mehr als zwei Dritteln der Menschheit beruht. Dabei ernährt das Blut dieser Menschen die Verschwendungsgesellschaft. Natürlich darf es auf keinen Fall dazu kommen, dass die Unterdrück-

ten von heute zu den Unterdrückern von morgen werden.
Doch lasse ich mich ergreifen und begeistern, wenn ich sehe, dass in allen Ländern, Rassen, Religionen und menschlichen Gruppen Minderheiten zahlreicher werden, die hungern und dürsten nach Gerechtigkeit. Mehr noch: Diese Minderheiten sind in einem Lernprozess begriffen. Sie rütteln einen grossen und gesunden Teil der Mehrheit auf, der bis heute aus Unachtsamkeit und Trägheit Gewinne eingestrichen hat, deren Preis die Unterdrückung ganzer in untermenschlichen Bedingungen gehaltener Völker ist.
Diese nach Gerechtigkeit hungernden Minderheiten, die der Geist Gottes hat entstehen lassen, werden Tausende, ja Millionen von Menschen guten Willens mitreissen. So werden die unmenschlichen kleinen Gremien zurückgedrängt, die heute noch die Entscheidungen über Kriege fällen und Trugbilder des Friedens hervorbringen.
Wenn Sie mich nun fragen, worauf ich meinen Glauben an die Vermenschlichung des Menschen gründe — einen Glauben, der naiv und unrealistisch anmuten mag —, dann lautet meine persönliche Antwort: Noch viel naiver und unrealistischer und unvergleichlich kühner ist der Traum oder, besser, der Plan oder, noch besser der Entwurf Gottes, des Vaters, den Menschen zu vergöttlichen.
Der Mensch, der nach dem Bild und Gleichnis

Gottes geschaffen wurde, ist dazu bestimmt, am göttlichen Leben, am göttlichen Wesen und an der Macht Gottes teilzuhaben. Er soll die Natur beherrschen und die Schöpfung, die der Vater begonnen hat, vollenden. Er soll die Befreiung vollenden, die der Sohn begonnen hat. Er soll an der Vermenschlichung der Welt in Gemeinschaft mit dem Geist Gottes arbeiten und sie ihrem Ziel näher bringen.

Ein Wahnbild? Eine Illusion? Das Unmöglichste unter allem Unmöglichen wurde Wirklichkeit: Der Sohn Gottes ist Fleisch geworden, er wurde Mensch und damit unser Bruder. Was kann uns nach diesem Wunder noch verwundern? Der Vater, der die Vergöttlichung des Menschen vorbereitet, wird uns sicher bei der dringenden und unaufschiebbaren Arbeit der Vermenschlichung des Menschen helfen.

Davos:
Die transnationalen Gesellschaften und die heutige Umwertung aller Werte

Versuch einer Entschuldigung
Lassen Sie mich erklären, warum ich darauf beharre, über die multinationalen Aktiengesellschaften zu sprechen, wo doch das von Ihnen vorgeschlagene Thema lautete: «Die Umwertung der Werte in der heutigen Gesellschaft».
Erstens: Wir alle wissen, dass ein Freund kein Vergnügen daran findet, uns zu beleidigen und zu verletzen. Noch weniger aber ist der Schmeichler unser Freund, der uns lediglich hübsche Phrasen und konventionelle Allgemeinheiten bietet.
Zweitens: Manchmal vermeinen wir, über einen Gegenstand mehr als genug zu wissen, während wir nur eine Seite davon wahrnehmen und wesentliche Probleme von unserem Gesichtspunkt aus verborgen bleiben.
Ich versichere Ihnen: Die Fragen, die ich aufwerfe, mögen noch so unangenehm sein — es ist dabei keineswegs meine Absicht, Sie zu beleidigen; auch erhebe ich nicht den mindesten Anspruch, Sie über Dinge belehren zu können, die Sie viel besser kennen als ich.
Ich weiss aber, dass Sie nicht nur Manager sind, sondern vor allem Menschen. Sie gehören nicht nur zu Ihrer eigenen Familie, sondern auch zur Familie der Menschheit insgesamt. — Und zwei

Drittel oder mehr dieser Familie leiden an den Folgen von Hunger und Elend.

Lassen Sie mich freundschaftlich zu Ihnen als Menschen reden und Ihre schöpferische Phantasie herausfordern. Und denen unter Ihnen, die der Freude teilhaftig sind, an einen Schöpfer und Vater zu glauben, möchte ich ins Gedächtnis rufen, dass wir alle, die Angehörigen aller Rassen, denselben Vater haben und daher Brüder sind.

Produktion in planetarischem Ausmass
Mit den Mitteln der Elektronik, der Automation, der Kernenergie, des Ultraschallverkehrs, der mit Lichtgeschwindigkeit informierenden Massenmedien und der Kybernetik produziert man selbstverständlich für einen weltweiten Markt. Es wäre unpraktisch und unwirtschaftlich, diese gewaltigen Möglichkeiten in lokale oder nationale Grenzen einzuschränken; sie rufen vielmehr planetarischem Denken.

Was die Chemie der Kunststoffe hervorbringt, übertrifft den alten Traum der Alchemisten; es eröffnet theoretisch unerwartete und ultrarevolutionäre Ausblicke — so etwa die Möglichkeit, die Grundbedürfnisse der Menschheit wirksam zu befriedigen, sogar trotz der vielberufenen These von der Bevölkerungsexplosion. Es wäre bestimmt unbedacht, nutzlos, unmenschlich und unchristlich, die fortschrittlichsten und revolutionärsten Schöpfungen des Menschen zu bekämpfen.

Überwindung der alten Trusts
Der herkömmliche Trust scheint mehr und mehr überholt. Die eine einzige Aktiengesellschaft, die mit einem einzigen Produkt handelt und für dieses Produkt das nationale oder internationale Monopol anstrebt, weicht immer kühneren Fusionen und einem immer breiteren Angebot von Produkten in Nationen aller fünf Kontinente und aller sieben Meere. So entsteht der Eindruck, der Wettbewerb mache einer spontanen Abstimmung der Preise Platz. In Wirklichkeit tritt an die Stelle des Monopols das Oligopol.

Neue Bündnisse
Es ist eindrücklich, wieviel die fortschrittlichen Länder alljährlich für Forschung aufwenden und wie rasch sie dank ihrer Technologie von der Forschung zur Anwendung übergehen können.
Das Bündnis von Wirtschaftsunternehmen und Universität wird immer enger. In manchen Ländern muss man sogar von einem immer engeren Bündnis zwischen Regierung, Wirtschaft und Universität sprechen — oder noch genauer: von Regierung, Militär, Wirtschaftsunternehmen und Universitäten; denn häufig ist die wichtigste, kostspieligste und risikofreudigste Forschung mit der Entwicklung von Kriegsmaterialien verknüpft und mit der Weltraumfahrt, die ihrerseits in enger Beziehung zu militärischen Überlegungen steht. Alles ge-

schieht unter dem Vorwand, man müsse die nationale Sicherheit und die freie Welt verteidigen.
Einige Folgen dieser Bündnisse verdienen genannt zu werden:
— Die Wirtschaftsunternehmungen wachsen so sehr ins Riesenhafte, dass sie in gewissen Ländern theoretisch demokratisiert werden, indem sie in die Hände von mehr als einer Million Aktionäre übergehen.
— Die Internationalisierung der Unternehmen schafft den Eindruck, dass hier ein Weltbürgertum entstehe, dass alte nationale Spannungen überwunden werden, dass sich eine Weltwirtschaft und ein Weltfriede ankünden.
— Auf den ersten Blick kann man sich fragen, ob es noch angehe, von Spannung und Zwiespalt zwischen Kapitalismus und Sozialismus zu sprechen. Einerseits verschwindet der Abstand zwischen privaten und öffentlichen Unternehmungen; anderseits überschreiten die multinationalen Gesellschaften in aller Stille sozialistische Grenzen, die unüberwindlich schienen.
— Im scheinbaren oder wirklichen Grenzkampf zwischen privater Initiative und öffentlichem Interesse kümmern sich die grossen Privatgesellschaften um riesige soziale Probleme, um die Erneuerung von Städten und um so konkrete Aufgaben wie Wohnungsbau, Verkehr, Erziehung, Gesundheitswesen und Freizeitgestaltung.

Demokratisierung oder Oligopol?
Aus Wahrheitsliebe — und nur die Wahrheit wird uns frei machen — lassen wir uns von all den scheinbaren Wundern nicht blenden. Wir bewahren uns einen kühlen Kopf und Mut genug, wenigstens ein paar Fragen zu stellen.
Moderne Wirtschaftsunternehmen, deren Produkte so vielfältig wie nur möglich sind und deren Aktionsgebiet praktisch die ganze Erde umfasst, haben in manchen Ländern über eine Million Aktionäre. Bedeutet das nun wirklich eine Demokratisierung dieser Gesellschaften? Oder ist diese Demokratisierung mindestens zurzeit illusorisch, weil die Gesellschaften auch weiterhin von einer äusserst kleinen Gruppe beherrscht werden?
Da noch immer eine Vorliebe für halb-griechische, halb-lateinische Fachausdrücke besteht, kann zusammenfassend so gefragt werden: Handelt es sich dabei um Demokratisierung oder um ein Oligopol? Da es sich nicht bloss um die Beherrschung einer Stadt, einer Region oder eines Landes handelt, sondern um die Beherrschung der Welt, ist die Frage ernst.

Inter-national oder trans-national?
Es wird viel von der Internationalisierung gesprochen, die von den multinationalen Gesellschaften angeregt werde.
Im Namen der Dritten Welt möchte ich hier eine Frage anbringen, nicht damit sie sogleich beantwortet wird, sondern zum Überdenken,

zum Prüfen, zu späterer Erörterung durch Menschen guten Willens, die irgendwie zur beschlussfassenden Gruppe der multinationalen Gesellschaften gehören:
Wenn eine multinationale Aktiengesellschaft aus einem industrialisierten Land in ein Land verpflanzt wird, das über Rohstoffe verfügt, geschieht das nicht lediglich auf der Suche nach Paradiesen für Geldanlagen — da die Löhne, verglichen mit denen reicher Länder, viel niederer sind und da dank starker Regierungen oder Diktaturen die Konkurrenz keine Chance bekommt?
Wäre es daher nicht richtiger, statt von inter- oder multi-nationalen von trans-nationalen Gesellschaften zu sprechen? Und wenn von einheimischem Kapital und von der Mitwirkung lokaler Direktoren die Rede ist: Bedeutet das nicht einfach, dass in solchen Paradiesen für Geldanlagen kein Mangel an Reichen besteht, die man zu konsularischen Vertretern der grossen Metropole berufen kann? Falls diese Annahme einen wahren Kern hat, müsste man dann nicht zugeben, dass die trans-nationalen Gesellschaften sich um die Lebensbedingungen der Menschen nicht kümmern und dass ihr alleiniges Ziel das Zusammenraffen von Reichtümern ist — mit wenig Rücksicht darauf, ob Menschen unter ihrer Handlungsweise zu leiden haben?

Beseitigung von Unklarheiten
Wäre es nicht längst an der Zeit, einige missverständliche Vorstellungen neu zu überdenken, deren Folgen über zwei Drittel der Menschheit Unheil bringen? Einige Beispiele für viele:
Überproduktion. Sicher nicht! Vielmehr Unterkonsum — infolge Superegoismus. Wer könnte im Ernst davon reden, es werde über das Bedürfnis der Menschen hinaus Nahrung produziert?
Was es tatsächlich gibt, ist Unter-Konsum, begleitet von Hunger; und zwar darum, weil Super-Egoismus das als Überproduktion bezeichnet, was sich im Rahmen des feststehenden Lohnniveaus eines Landes nicht verkaufen lässt.
Wie lange noch wollen wir als Massstab für die Entwicklung einer Nation einen so vieldeutigen Index wie das *Bruttosozialprodukt* verwenden? Sein einziger Wert besteht darin, die empörenden Ungerechtigkeiten bei der inneren Verteilung der Einkommen zu vernebeln.
Wie lange wollen wir es noch dulden, dass Daten über die *Bevölkerungsexplosion* so verwertet werden, dass man in ihr den wichtigsten Grund dafür sieht, dass reiche und arme Länder sich immer mehr polarisieren? Dabei ist dieser wachsende Abstand vor allem den unglaublichen Ungerechtigkeiten der internationalen Handelspolitik sowie der schändlichen Einkommensverteilung in den einzelnen Ländern zuzuschreiben.
Wie lange wollen wir noch von *Technokratie*

reden, als lenkten die Techniker unsere Welt? Dabei müssen die Techniker auch heute noch ihre Intelligenz und ihr Fachwissen in den Dienst der Wirtschaftsmächte oder des Militärs stellen, oder in den Dienst des Bündnisses, das zwischen Regierung, Wirtschaft und Militär besteht. *Wie lange* wollen wir noch mit verschränkten Armen einer *Waffenfabrikation* zuschauen, die den potentiellen Selbstmord der Menschheit bedeutet?
Wie lange wollen wir ohnmächtig zuschauen, wie *Kriege* geführt werden und wie hinter den kleinen Mächten, die ausgetilgt werden, die Grossmächte stehen, ihre Waffen erproben und ihre Einfluss- und Herrschaftszonen festlegen?
Bis zu welchem Punkte wollen wir es dulden, dass zwischen *reichen und armen Ländern* immer grössere Klüfte aufgerissen werden? Dabei verfügen wir doch über alle Mittel, um eine verantwortbarere, gerechtere und menschlichere Welt zu schaffen!

Warnungen
Stellen wir naive Fragen und entfachen damit ein leichtfertiges Feuerwerk?
Es ist sehr wichtig, an Gott zu glauben. Es ist aber auch wichtig, an den Menschen zu glauben. Und vergessen wir nicht, dass Gott durch Menschen wirken kann — besonders durch das Wort der Schwächsten und Ärmsten. Bilden wir uns ja nicht ein — auch nicht für einen Augenblick —, dass zwei Drittel der

Menschheit aus vernunftlosen Geschöpfen bestünden!

Die Verpflanzung ganzer Fabriken in Länder mit billiger Arbeitskraft zwingt die Arbeiter der armen Länder in eine illoyale Konkurrenz mit den Arbeitern der reichen Länder.

Mit der Zunahme der Arbeitslosigkeit in Europa und den Vereinigten Staaten werden die europäischen und nordamerikanischen Gewerkschaften zur Einsicht kommen, dass ein Zusammenhang besteht zwischen dieser Arbeitslosigkeit und den immer neuen Fabrikeröffnungen durch die transnationalen Gesellschaften in den Ländern anderer Kontinente, wo die Löhne niederer sind und die Arbeiter geringe Möglichkeiten haben, ihre Rechte durchzusetzen.

Eines Tages werden die Arbeiter der Ersten Welt in der Lage sein, die Sache der nicht-organisierten Arbeiter in den eigenen Ländern und die Sache der Dritten Welt zu ihrer eigenen zu machen.

Sowohl die industrialisierten Länder als auch die Rohstofflieferanten leiden an den Folgen der Habsucht jener wenigen, die für das Geschäftsgebaren in der sogenannten Konsumgesellschaft verantwortlich sind, einer Gesellschaft, die richtiger Verschwendungsgesellschaft heissen sollte, wo auf Kosten vieler einige wenige profitieren.

Gegen die falschen Wertvorstellungen der Verschwendungsgesellschaft rebellieren jugendliche Gruppen der wohlhabenden Klasse mit Gegen-Kultur-Bewegungen. Manche, die daran verzweifeln, unserer entmenschlichten Welt einen Sinn abzugewinnen, wenden sich dem Drogenkonsum zu. Dieser Protest ist so eindrücklich, weil diese jungen Leute eigentlich die Nutzniesser der sogenannten Überfluss-Gesellschaft sein könnten.

Ferner gibt es Jugendliche, welche Enttäuschung zu verzweifelter bewaffneter Auflehnung treibt, zu scheinbar unvernünftigen, extremen Handlungen, gerichtet gegen die Unvernunft einer Gesellschaft, die blind, taub und stumm bleibt vor den Ungerechtigkeiten, vor dem physischen Hunger und Elend der vielen, vor dem Liebeshunger der Söhne der Reichen, einer verzweifelten Jugend, erstickt unter der Last materiellen Überflusses.

Es ist nicht unmöglich, dass die Länder der Dritten Welt eines Tages dem Vorbild der arabischen Ölnationen folgen und erfolgreich jene bedrohen, die ihnen zurzeit die wirtschaftliche Macht vorenthalten. Wir hoffen zu Gott, dass in dieser Konfrontation nicht zu den Waffen gegriffen wird.

Eine begrenzte, aber wachsende Zahl von Kleinaktionären fängt allmählich an, die Art und Weise, wie die transnationalen Gesellschaften zwei Drittel der Menschheit untermenschlichen Lebensbedingungen überlassen, als egoistisch und unmenschlich zu durchschauen. Dieselbe kleine Gruppe ruft die Konsumenten zum

Boykott von Produkten auf, die mit dem Blut der Arbeiter in den Rohstoff-Ländern hergestellt sind. Sollte diese Bewegung anhalten, dann wird auch Europa möglicherweise ein Watergate erleben.
Ist das eine apokalyptische Schau unserer Zeit? Nein. Sie haben mich als Ihren Freund hierher geladen. Als Ihr Freund versuche ich, Ihnen meine Sorgen mitzuteilen, den Ruf an Sie weiterzuleiten, den ich ringsum höre.
Diese Worte, die ich an das Vierte Symposium der Europäischen Manager richte, drücken meine Hoffnung aus, dass die transnationalen Gesellschaften all das verwirklichen, was an ihnen heute noch als eine täuschende Fata Morgana aufscheint. Meine Worte enthalten die Hoffnung, dass die Menschen, meine Brüder, verstehen werden:
- Kriege sind sinnlos und nutzlos was Vietnam klarer denn je gezeigt hat;
- die Herstellung von Kriegsmaterial ist eine menschenfeindliche Verschwendung;
- Habsucht und übermässiger Reichtum führen zum allmählichen Selbstmord der Menschheit;
- die Begründung des unaufhörlichen Wirtschaftswachstums durch die Verschwendungsgesellschaft steckt voller Widersprüche;
- Gleichgültigkeit gegenüber der Lebensqualität eines jeden einzelnen Menschen, die ein paar wenigen Grossen Reichtum garantiert, wirkt als Zeitbombe.

Ich bin auch gekommen, um mein Vertrauen auf die Intelligenz und auf die mitschöpferische Befähigung des Menschen auszudrücken. Die Intelligenz, die Kreativität, das Organisationstalent — lauter wertvolle Gaben — stellen letzten Endes eine unmittelbare und wundervolle Teilhabe an der Intelligenz und Macht des Schöpfers und Vaters dar.

BIOGRAFISCHES

Mgr. Helder Pessôa Câmara, geb. 1909 in Fortaleza war am Konzil ein Bischof eigener Art. Bis zur dritten Session noch Titularerzbischof, der als Hilfsbischof dem Kardinal von Rio de Janeiro unterstellt war und dort die «Favelas» (Slums) betreute, wurde er während der vierten Konzils-Session, 1964, zum Erzbischof von Olinda und Recife im Nordosten Brasiliens ernannt. Am Konzil sprach er nie in einer öffentlichen Generalversammlung. Aber durch persönliche Kontakte und Offenheit seiner Ideen in ökumenischer und sozialer Hinsicht wuchs sein Einfluss so, dass er als einer der einflussreichsten Konzilsväter beschrieben wurde. Idealist und Realist zugleich, förderte er vor allem den Gedanken der dienenden und um den Menschen in jeglicher Not besorgten Kirche. Am Ende des Konzils war er einer jener Bischöfe, die sich zu radikalen Massnahmen im einfachen, persönlichen Leben verpflichteten. Als Erzbischof residierte er nicht im Palais, sondern in der Sakristei einer Kirche, unter Bedrohung seines Lebens durch einen Staat, der seine Mitarbeiter und ihn als Kommunisten verdächtigte. Auf Reisen in der westlichen Welt warb Helder Câmara um Aufmerksamkeit für seine Diözese, aber auch um Überwindung der West-Ost- und Nord-Süd-Spannungen. Durch die Sprache von seinen Zuhörern getrennt, fesselte er mit weit ausholenden, jedes Wort malenden Gesten. 1984 trat er vom Amt zurück. Für Helder Câmara gibt es kein Geschöpf, das nicht lebendig und augenfällig das Zeichen des Schöpfers trüge. Man hat ihn oft mit dem Heiligen Franziskus verglichen. Seit seiner Seminarzeit ist er es gewohnt, in den ersten Tagesstunden, gegen zwei Uhr aufzustehen. In der Stille der Nacht vernimmt er jene Stimmen, die der Tageslärm zudeckt. Gott, die Natur und das Menschenherz sprechen zu ihm, und er schreibt Meditationen und Gedanken, getragen von tiefer Frömmigkeit, Ernst und Heiterkeit. Der unermüdliche Kampf, den der kleine, zierliche Erzbischof für Frieden und Gerechtigkeit führt, wurzelt in dieser innigen Verbundenheit mit dem Schöpfer, mit der ganzen Schöpfung. Er wird zu einem Symbol seelsorgerischer Hingabe und prophetischen Mutes, da er ohne Unterlass die Aufmerksamkeit der Welt auf die von Christus nicht gewollte, untermenschliche Armut lenkt. Ob er vor dem Symposium Europäischer Manager in Davos, in der Kathedrale von Oslo anlässlich der Verleihung des Volksfriedenspreises, im Grossmünster von Zürich oder in Frankfurt spricht: er ist immer der Anwalt der Entrechteten, Mahner in unserer Verschwendungsgesellschaft, Künder einer neuen Gerechtigkeit und Brüderlichkeit. Im August 1970 erhielt Dom Helder Câmara in den USA die Martin-Luther-King Auszeichnung «für seinen mutigen Beitrag zur gewaltlosen Änderung der sozialen Strukturen». Ein Katholik, der sein Herz geöffnet hat für alle Religionen und selbst für nichtreligiöse Idealisten. Er war eine der führenden Persönlichkeiten im Ruf nach einer weiten, echten ökumenischen Bewegung aller Weltreligionen.

Seine Hoffnung setzt er in kleine Basisgruppen, er nennt sie Abrahamitische Minderheiten, die weltweit verstreut sind und sich gewaltlos für Gerechtigkeit und Frieden einsetzen. Helder Câmara gilt als prominenter Pionier der Befreiungspastoral, und damit hat er einen wesentlichen Beitrag zur späteren Befreiungstheologie geleistet.

Espérer contre toute Espérance

Pensées offertes à Ceux et à Celles qui ont perdu l'Espérance ou qui sentent que l'Espérance leur échappe...

Mais, Pensées offertes, d'une manière fraternelle, à Celles et à Ceux qui, aidés par la Grâce, insistent à espérer contre toute espérance et cherchent à répondre partout et pour tous le don divin d'espérer

+Helder Câmara
Archevêque d'Olinda et Recife (Brésil)

DIE WICHTIGSTEN LEBENSDATEN

Helder Pessôa Câmara, geboren am 7. Februar 1909 in Fortalezza (Nordostbrasilien); Schulen und 8 Jahre Philosophie- und Theologiestudium in Fortalezza; am 15.8.1931: Priesterweihe; 1952: Weihbischof von Rio de Janeiro; 1952–1964: Sekretär der bras. Bischofskonferenz; 1955: Mitbegründer der CELAM (Lateinamerikanische Bischofskonferenz); 1958–1960: Zweiter Vizepräsident der CELAM; 1964–1984: Erzbischof von Olinda e Recife; seither als emeritierter Erzbischof in Recife (Nordostbrasilien); Ehrenbürger von 14 brasilianischen Städten; Ehrendoktor von 6 brasilianischen und 18 ausländischen Universitäten; 14 internationale Friedenspreise, u. a. 1970: in USA die Martin-Luther-King-Auszeichnung; im selben Jahr: Vorschlag des Lutherischen Weltbundes zum Kandidaten für den Friedens-Nobelpreis; 1974: erstmalige Verleihung des alternativen «Volksfriedenspreises» in Oslo an Helder Câmara; 1983: Buddhistischer Friedenspreis in Tokio. Motto seines Bischofswappens: in manus tuas — in Deine Hände.

QUELLENNACHWEIS

Seite 13–26: aus «Stimme der stummen Welt — Dom Helder Câmara», pendo-verlag, Zürich 1971, vergriffen
Seite 29–44: ebd.
Seite 45–76: Text zu «Die Sinfonie der zwei Welten», ein Werk für Chöre und Orchester, für zwei Solisten (Mannick und John Littleton aus Paris) und einen Sprecher (Helder Câmara), Musik und Leitung: Pierre Kaelin, aus dem Französischen von Hans Schöpfer; Uraufführung: 12.3.1980 in Zürich; seither in zahlreichen Weltstädten mit den gleichen Solisten gemeinsam mit Helder Câmara aufgeführt; auch als Schallplatte und Kassette, Caritas Zürich oder Fribourg.
Seite 77–89: aus «Mach aus mir einen Regenbogen», pendo-verlag, Zürich 1981.
Seite 90–102: aus «Hoffen wider alle Hoffnung», pendo-verlag, Zürich 1981
Seite 103–115: aus «Gebet für die Reichen», pendo-verlag, Zürich 1972, vergriffen.
Seite 119–128: aus «Hoffen wider alle Hoffnung», s. o.
Seite 129–155: aus «Friedensreise 1974», pendo-verlag, Zürich 1974.
Seite 156: aus «Lexikon der Spiritualität», Herder, Freiburg 1988.

Helder Câmara *im pendo-verlag*

Helder Câmara — Selig die träumen
Eine Auswahl aus Helder Câmaras täglichen Fünf-Minuten-Radiopredigten. Sie sind voller Poesie, Schalk und tiefem Mit-Empfinden für die Probleme des Alltags.
144 Seiten, broschiert

Helder Câmara — Mach aus mir einen Regenbogen
... man wünscht sich, dass auch jene das Buch lesen, die so vorschnell vom «roten Bischof» sprachen. Sie könnten einen «neuen» Câmara entdecken, der in Wirklichkeit unverfälscht der «alte» geblieben ist.
120 Seiten, broschiert

Helder Câmara — Hoffen wider alle Hoffnung
Ein beschwörendes Manifest der Hoffnung auf eine Welt, worin es sich atmen lässt, eine gerechtere, menschlichere!
120 Seiten, broschiert

Helder Câmara — Fragen zum Leben
Man wird den ganzen enthusiastischen Câmara wiederfinden, aber auch einen weisen.
120 Seiten, broschiert

Helder Câmara — Friedensreise 1974
Oslo — Frankfurt — Zürich — Davos. Seine wichtigsten Reden anlässlich der Verleihung des «Volksfriedenspreises» in Oslo, 1974.
64 Seiten, broschiert